図で  JN102293

既に知っている図や与えられた図を
用いて，数量関係の把握や問題解決
をしようとすること。

左はわり算の意味をアレイ図
で考え，左下は単位量当たり
の大きさの問題を，場面を表
す図を用いて考えた。

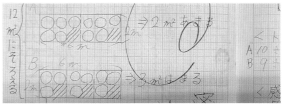

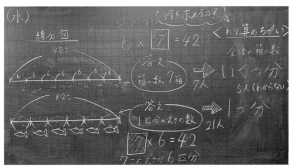

等分除と包含除の違いを線分図で表して，式や言
葉で説明した。

3×12の計算の仕方をアレイ図を用いて考え，結
合法則の理解にも結び付けた。

文字式を用いて碁石の総数を求める式を一般化し
た。その際，式の意味を図で考えた。

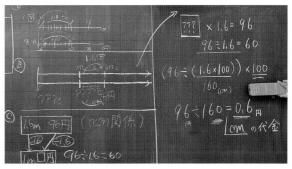

小数のわり算の立式について比例数直線を用いて
考えた。

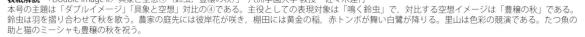

表紙解説　「Double image II／具象と空想④（鈴虫，豊穣の秋）」 八洲学園大学 教授　佐々木達行
本号の主題は「ダブルイメージ」「具象と空想」対比の④である。主役としての表現対象は「鳴く鈴虫」で，対比する空想イメージは「豊穣の秋」である。
鈴虫は羽を摺り合わせて秋を歌う。農家の庭先には彼岸花が咲き，棚田には黄金の稲，赤トンボが舞い白鷺が降りる。里山は色彩の競演である。たつ魚の
助と猫のミーシャも豊穣の秋を祝う。

算数オリンピックの精神

　自室の書棚を眺めていた時，『算数オリンピックに挑戦』という本が目に留まった。「'08〜'12年度版」と表紙にあり，2013年3月が初版の古い本であった。

　本を手に取りページをめくってみると，算数オリンピックの歴史が次のように書いてあった。

「算数オリンピック委員会は，数学オリンピックの小学版を目指して，数学者の広中平祐先生の提唱で1991年に設立されました。広中先生は『数学のノーベル賞』と言われるフィールズ賞や文化勲章も受賞している，日本を代表する数学者です。」

　1992年が第一回大会なので，算数オリンピックは今年が節目の30回大会ということになる。

　算数オリンピックと言うと，算数がよくできる子どもたちの大会というイメージがあるが，その本には算数オリンピック開催の主旨について，次のように述べられていた。

「まだ小学生の皆さんは，誰もがすばらしい可能性に満ちあふれています。その可能性を引き出すためにもっとも大切なことは，結果ばかりを求めることではなく，まず挑戦する勇気を持つことでしょう。算数オリンピックは，そんな元気な小学生の皆さんが，ゲームやスポーツをするような気持ちで挑戦し，のびのびと算数を楽しんでもらいたいという願いをこめて，毎年，開催しています。」

　この言葉に感銘を受けた。算数が苦手な子どもにこそ，結果を求めることよりも問題に挑戦することの価値をもっと伝えてあげたい。そして，考える楽しみや解けた喜びを味わわせてあげたいと思う。

　子どもが好きなゲームやスポーツをするような気持ちで算数に取り組むことができれば算数を好きになるに違いない。そんなイメージで子どもたちがのびのびと自由に考え，活躍する算数の授業をつくりたい。

　そのような授業をつくるための1つのポイントは，子どもが解いてみたいと思うような面白い問題にあるのではないだろうか。

　算数オリンピックの問題は，一流の数学者たちが，中学入試にない問題を理想に知恵をしぼって開発しているそうだ。

　丸暗記の知識や記憶をたどるのではなく，初めて目にする数や図形の世界をその場でイメージし，自分自身の力で正解への道筋を切り拓いていく。鋭い洞察力や豊かな発想が生きるような問題を子どもたちに提供することができれば素晴らしいと思う。

　そのためには，面白い問題を開発する教材研究が必要である。教科書にある問題でも，子どもたちの実態に応じて工夫して出題することもできるだろう。

　算数の本質を捉えて算数の授業をつくろうとする中に，子どもにとって「その問題は面白いか」という視点を忘れてはならない。

　しつこいようだが，もう一度触れておく。「ゲームやスポーツをするような気持ちで挑戦し，のびのびと算数を楽しんでもらいたいという願いをこめて──」

それが，算数オリンピックの精神である。

137号編集担当　盛山隆雄

特集　全学年の図の指導
──図を使って考える子どもを育てる

盛山隆雄

1 図を活用して，子どもが「できる・わかる」算数をつくる

数学的な表現として位置づけられている図的表現は，算数の学習において次の点で重要だと考えられる。

①　概念の意味理解のため

②　問題解決の方法を考えるため

③　相手に思考過程を伝えるため

④　問題解決の方法や結果を吟味するため

⑤　算数が苦手な子どもの理解を高め，全員理解の算数授業を目指すため

以下，上記の①〜⑤の内容について説明を加える。

①は，図的表現の最も大切な役割の1つである。たし算，引き算，かけ算，わり算といった四則計算の意味や分数や小数の意味，計算の性質，倍，割合，平均，面積，体積など算数で学習する多くの概念は，図を用いて指導することが不可欠である。

②のように，計算の仕方や問題解決の仕方を考えるために図的表現を用いることもある。問題の構造をテープ図や線分図，比例数直線に表すことで，答えの見通しを立てることができたり，計算の仕方を考えたりすることが

できる。面積や角度を求める問題では，既習の図形を想起して，図形を分割したり図形を変形したりする。その際，図に補助線を入れたり，図を新たに書き加えたりするのだ。このように問題の構造を視覚的に捉えることによって，問題解決の仕方を考えたり，議論したりすることは，子どもに算数の資質・能力を育てるために重要なことである。

③は，考えたことを友だちに伝えるための図の活用である。考えは，式や言葉でも伝えることはできるが，やはり図はイメージを伴って伝えることができるので，算数では重要な道具である。

④については，一応の結果が出た時に，その解決の方法や結果を振り返って，よりよい解決の方法やよりより表現に洗練しようとする場面で使う図のことである。その際，記号的表現や言語的表現だけで検討するのではなく，図的表現と関連付けて検討することで，多くの子どもたちの理解を促して考えを洗練することができる。多様な表現方法を用いながら多様な視点で検討することが重要である。

⑤については，①〜④とは少し異なった視点で図の役割を見ている。本来，記号的表現を使い，解決方法を一般化したり，形式的に

処理したりする力を育てることが算数の1つのねらいである。

しかし，全ての子どもの「できる・わかる」姿を目指したとき，算数の苦手な子どもたちの理解を補助するためには，図的表現の積極的な活用が必要である。その際，テープ図や線分図，数直線図などの算数の定番の図だけを認めるのではなく，子ども独自の図を認め，その図をわかりやすい図に育てていく姿勢が指導者に求められる。

2 図を使って考える子どもを育てるために，子どもの図を認める指導と，図に表現する，図をよむ指導の必要性

図を使って考える子どもを育てるためには，子どもなりのイメージを表した図を認めることも大切である。早くから定番の算数の図に直すのではなく，子どもが発想した図も認め，定番の図と比較するなどして，自ら図を修正していくような指導をすることで，子どもの主体性を損なわないようにすることが大切である。

また，式をよんで図に表したり，図をよんで式に表したりするような活動を積極的に行い，図を使える子どもを育てることが大切である。

比例数直線は，比例関係をもとに乗法的な問題の構造を表したものだが，子どもによっては問題場面をその図に表すことに困難を示す。場合によっては，答えはわかるが，図がわからないといったことが起こることもある。そのようなことにならないように，関連する問題場面について，下の学年から計画的に図をかいたり，図をよんだりする指導をしていくことが大切になる。

3 算数で使う図には，どのようなものがあるのか

文章を連続型テキストと呼ぶことに対して，図やグラフ，表などは非連続型テキストと呼ばれている。本特集では，一般に言われる図だけでなく，非連続型テキストの表やグラフも取り上げることにし，図としての役割の視点から考察する。

本特集では，1と2の視点から具体的な事例をもとに図について論じ，さらに算数で用いる図にはどのようなものがあり，どのような意味があるのかについて，1つ1つ考察することも試みる。各学年で用いる次のような図，表，グラフを取り上げることにした。

> ○1年生…数図，情景図
> ○2年生…アレイ図，テープ図
> ○3年生…線分図，数直線，液量図，棒グラフ
> ○4年生…表，二次元表，折れ線グラフ
> ○5年生…関係図，比例数直線，帯グラフ・円グラフ，補助線
> ○6年生…面積図，ドットプロット，柱状グラフ

1年生から6年生に至るまでの全ての図の意味や指導の仕方について触れる。

本特集が算数で用いる図の理解の一助になればと考えている。そして，図を使って考える子どもを育てる授業づくりのお役に立つことができれば幸いである。

問題解決のための （図）

分数÷分数の計算の仕方を見出すために図を活用する子ども

大野　桂

1 子ども自ら図を活用する分数÷分数の計算の仕方を見出す授業

　子どもが主体的に図を活用しながら，分数÷分数の計算の仕方を見出すことができる授業を具現化すべく，次に示す，「包含除場面」で，分数÷分数の導入授業に臨んだ。

> $\frac{4}{5}$ L のジュースがあります。そして，そのジュースを飲むための，$\frac{1}{5}$ L と $\frac{1}{15}$ L 入る 2 種類のコップがあります。その 2 つのコップそれぞれで，$\frac{4}{5}$ L のジュースが何杯とれるかを調べます。
> どちらのコップなら簡単に何杯分かが分かりそうですか。どちらか選びましょう。

　授業冒頭で全文は示さず，まずは「$\frac{4}{5}$ L のジュースがあります。」までを示し，$\frac{4}{5}$ L の図をどう描くかを考えることから始めた。これは，この後の問題解決に用いる図を，子ども達に共有化させることを目的としている。

> $\frac{4}{5}$ L のジュースがあります。

T：$\frac{4}{5}$ L のジュースの図を長方形の形でノートに描きます。縦の長さは何マスにしようか？

C：縦 5 マスがいい。

C：5 マスで 1 L。1 マス $\frac{1}{5}$ L だから 4 マス目で $\frac{4}{5}$ L になる。

T：1 L をもとにしたんだ。

T：横は何マスにする？

C：何マスでもいい。

T：じゃあとりあえず 3 マスにしておこうか。

　ここで共有された図は，$\frac{1}{5}$ L のコップであれば，容易に何杯分かを図から視覚で捉えることができる。それが次の場面である。

T：じゃあ問題を示します。

> $\frac{1}{5}$ L，$\frac{1}{15}$ L 入る 2 種類のコップそれぞれで，$\frac{4}{5}$ L のジュースが何杯分取れるか調べます。どちらのコップなら簡単に「何杯分」かが分かりそうですか？

C：$\frac{1}{5}$ L のコップ！（ほぼ全員）

T：どうして，$\frac{1}{5}$ L のコップだと何杯分を求めるのが簡単だと思ったの？

C：図に答えが描いてある。

C：線を引くと，縦 1 マスが $\frac{1}{5}$ L 1 杯分で，それが 4 マスあるんだから 4 杯分。

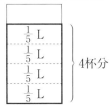

T：確かにそうだね。式にするとどうなる？

C：$\frac{4}{5} \div \frac{1}{5} = 4$

$C:\dfrac{4}{5}$ L は $\dfrac{1}{5}$ L が 4 つ分で，コップは $\dfrac{1}{5}$ L が 1 つ分ということだから。

$C:$ どちらも 1 つ分は $\dfrac{1}{5}$ L で同じだから，4 つ分の中に 1 つ分がいくつ入るかを考えればよくて，だから $4 \div 1 = 4$ で 4 杯分。

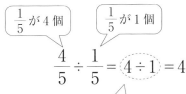

$$\dfrac{4}{5} \div \dfrac{1}{5} = \boxed{4 \div 1} = 4$$

もとの大きさが $\dfrac{1}{5}$ で同じだから，4 個の中に 1 個がいくつ入るかを考えればいい。

$T:$ もとの大きさが同じなら，もとの大きさの個数で，わり算すればいいんだね。

　このように，図をもとに計算の仕方を見出していったのである。

　次は，$\dfrac{1}{15}$ L のコップの場合である。$\dfrac{1}{15}$ だと，もとになる単位分数が揃っていないので，上で用いた方法が使えない。ところが，図が有効に作用し，問題解決を促進させたのである。

$T:$ 1 杯分の大きさが $\dfrac{4}{5}$ L のジュースとは異なる $\dfrac{1}{15}$ L のコップだと，何杯分を調べるのは無理そうですね。

$C:$ 1 杯分をそろえればいい。

$T:$「そろえる」ってどういうこと？

$C:\dfrac{4}{5}$ L のジュースを $\dfrac{12}{15}$ L にする！ そうすれば，もとがどちらも $\dfrac{1}{15}$ L にそろう。

$$\dfrac{4}{5} \overset{\times 3}{=} \dfrac{12}{15} \overset{\times 3}{}$$

$T:$ そのことは図でも分かる？

（縦線を 2 本引くようなジェスチャーをする子どもが多数いる）

$C:$ 線を 2 本引く。そうすれば，図に $\dfrac{1}{15}$ L が見える。

$T:$ どんな風に，図に 2 本の線を書き入れれば，もとの量が $\dfrac{1}{15}$ L になるようになるんだろう？ ノートの図に線を描き込んでみてくれますか。

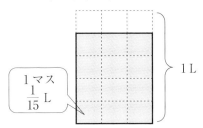

$C:$ 1 L が 15 等分されたから，1 マスが $\dfrac{1}{15}$ L になった。

$C:$ コップ 1 杯も $\dfrac{1}{15}$ L だから，12 マス分で 12 杯だよ。

$T:$ 式だとどうなるの？

$C:$ さっきと同じ。どちらも 1 つ分を $\dfrac{1}{15}$ L で同じにすれば，12 個分の中に 1 個分がいくつ入るかだから……。

$$\dfrac{4}{5} \div \dfrac{1}{15} = \dfrac{12}{15} \div \dfrac{1}{15} = 12 \div 1$$

答え　12 杯分

$T:$ 1 つ分の大きさが違ったら，通分して 1 つ分の大きさをそろえればいいんだね。

例題

$$\dfrac{4}{5} \div \dfrac{2}{3} = \dfrac{12}{15} \div \dfrac{10}{15} = 12 \div 10 = \dfrac{12}{10}$$

　このように図に主体的に対してアプローチをしながら，自ら問題解決を進めていく子どもに育てることが大切であると考える。

図の必要感と図のよさを実感させる

盛山隆雄

1 一人の子どもの考えを解釈する

5年生の小数のかけ算の導入授業である。

「1 m 80円のリボン2.1 m の代金はいくらか」という問題を考えた。まずはどんな式になるか考えてみようかと話した。

それぞれの子どもたちが式をノートに書いたタイミングを見計らって，発表してもらった。最初に次のような式が発表された。多くの挙手をする子どもたちの中で，意図的に指名した考えであった（図①）。

$(2.1 \times 100 \div 10) \times (80 \div 10) = 168$

この式が発表された瞬間は，みんなシーンと静まり返った。

「一体どういう意味？」

と呟く子どもがいたので，

「よし，この式はどういう意味なのかな。ペアで話し合って考えてみようか」

と投げかけて時間をとった。

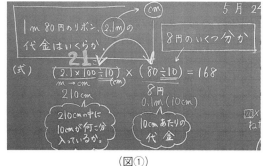

（図①）

しばらくして，子どもたちのいろいろな解釈が始まった。このような自分なりの理解をつくる活動を，私は「解釈の活動」と呼んでいる。

「2.1×100は，m を cm の単位にした計算だと思います。2.1 m は210 cm ということです」

一人の子どもがこう話したとき，この式を発表した子どもは，頷いていた。しかし，どうしてもその後の「÷10」の意味が分からなかった。そこで，「÷10」の意味は，式を発表した子ども自身に説明してもらった。

「÷10というのは，210 cm の中に10 cm が何個入っているかという意味です」

と話した。その説明を聞いて，

「ということは，21個ということか」

と他の子どもが言った。そのことを板書したとき，

「あっ！ 80÷10の意味がわかった！」

という子どもが現れた。何がわかったのか聞いてみると，次のように話した。

「リボン10 cm 分の代金だと思います。10 cm で8円という意味です」

この時，次のように問う子どもがいた。

「えー，どういう意味？」

その子どもの疑問を全体に共有した。

「どういう意味か分かりやすく説明するた

めには，どうすればいいのかな？」

すると，

「図に表せばいいと思います」

という言葉が返ってきた。

2 図の必要感と図のよさを実感させる

4年生の頃から倍の学習などで使ってきた2本の数直線の図を私が途中まで書いて，「この図を使って意味を説明できるかな？」と投げかけたのである。

まずは全員が自分のノートに書き，それから何人かの子どもに図をかきながら説明をしてもらった（図②）。

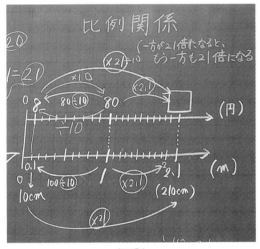

（図②）

「80÷10 = 8 は，80円の$\frac{1}{10}$の8円という意味でしょ。これは100 cm を10で割った10 cm の代金のことです」

「80÷10 = 8 は，0.1 m の代金が8円ということを表しているんだね」

説明をしながら，図に10 cm ずつの目盛りや，矢印や式が書かれていった。

「10 cm が8円で，210 cm の中に10 cm が21個入っているということは，8×21をすれ

ば2.1 m の代金がわかるってことだよね」

このような説明も現れ，図の中に今度は「×21」という記述とその矢印が加わった。長さと代金の両方の数直線に書かれたのである。長さが21倍になれば，代金も21倍になるという関係は，比例関係であることも押さえた。最初に発表された式の意味を，図を使って説明し合うことでわかってきたと思われたとき，多くの子どもたちから，次のような意見が出てきた。

「この式，反対だったね」

意味から考えると，下のようにかけられる数とかける数が反対になることに気がついたのである。

$$(2.1 \times 100 \div 10) \times (80 \div 10) = 168$$

$$\Downarrow$$

$$\underline{(80 \div 10)} \times \underline{(2.1 \times 100 \div 10)} = 168$$

0.1 m あたり何円　　21こ分

3 図のよさを実感する

次に，「80×2.1」という式が発表された。

この式の意味は，ほとんどの子どもがすぐに理解をすることができた。最初の式の解釈に時間をかけたことによって，問題の構造の理解や説明の仕方がわかってきたからだ。

2.1 m は，1 m の2.1倍だから，代金も2.1倍なので80×2.1になるという説明であった。

図②にあるように「×2.1」と矢印が数直線に加わった。

子どもたちのノートには，「図を使うと意味がよくわかる」，「式だけではわからなかったけど，図を使うと比例関係で説明できることがわかった」といった感想が見られた。

図で考えることによって，見方が広がる。理解が深まる。

夏坂哲志

1 数や式を，形で表してみる

福島県白河市の小学校で授業をさせていただいたときのこと。次のような式を黒板に書き，答えを求めさせた。

$1+2+3+2+1=?$

一人の男の子が，この式を見て，「ピラミッドみたい」と言った。どういうことなのか，説明してもらうと，黒板に下の図をかいてくれた。

四角い石が，左から順に1段，2段，3段，2段，1段と積んである。だから，この石の総数を求める式が，提示した式と一致するというのである。

この授業のねらいは，次のようなきまりを見つけることである。

$$1+2+1=4=2\times2$$
$$1+2+3+2+1=9=3\times3$$
$$1+2+3+4+3+2+1=16=4\times4$$
$$\vdots$$

$1+2+\cdots(n-1)+n+(n-1)+\cdots+2+1=n^2$

教材研究のときには数だけを見ていたために，私にはピラミッドの形には見えていなかった。けれども，授業の最中に，子どもが「ピラミッドみたい」と言って上の形をかい

てくれたおかげで，この式の見え方が大きく広がったように感じられた。

例えば，次のような見方ができる。

$1+2+3+2+1$が「ピラミッド」ならば，右辺の3×3という式は「正方形」である。

つまり，$1+2+3+2+1=3\times3$という式を形で表すと，次のようになるのである。

左の「ピラミッド」を一部分切って移動させれば，右の「正方形」に変身させることができる。その動きを，数の組み合わせに置きかえてみるとよい。

今度はピラミッドの形を横に切ってみたらどうだろう。

マスの数を数えると，最上段から順に，1個，3個，5個である。式に表すと，

$1+2+3+2+1=1+3+5$

となる。つまり，奇数の和と一致するということも見えてくるのである。

白河市の子どもの反応を経験した後，この授業をするときには，こちらから「どんな形に見えるかなあ」と尋ねてみることにした。すると，子どもの見方は一通りではない。

山口県下関市の子と，この題材を使って授業をしたときには，「ひし形に見える」と言った子がいた。だんだんと大きくなっていき，再び小さくなっていくからである。

この子のイメージを図に表してみると，右のようになる。45°傾けた小さな正方形を縦に数えると，左から順に1個，2個，3個，2個，1個と並ぶ。そして，この全体の形は3×3の正方形である。

このように式を形で考えると，新しいつながりが見えてきて楽しくなる。

2 子どもと一緒に図をつくる

小数のかけ算について考える場面で，次の問題を扱った。

「1 dL のペンキで2.1㎡のかべがぬれます。

このペンキ2.3 dL では，何㎡のかべがぬれますか」（学校図書　5年上）

下の写真は，この問題について考えたときの板書である。

横に長い大きな長方形が「かべ」で，そこに，ペンキの量に応じてどこまで塗ることができるかを考えていった。

最初に大きな長方形を黒板にかき，そこに私が「ペンキ1 dL」の線を1本入れる。そして，そこまでの面積が「2.1㎡」であることを確認する。

そこに，わかることを書き込んでいく。「2 dL だとここまで塗ることができるよ」「ペンキはあと0.3 dL あるよ」というように。

次に考えることは，「0.3 dL で塗ることのできる面積」である。まず「0.1 dL のペンキでどのぐらい塗ることができるか」を調べるために，1 dL で塗ることのできる面積を10等分する。そして，その3つ分のところに斜線を引いた。

このようにしてできた「かべ」の図の，上の直線と下の直線だけを取り出したものが，下のような2本の数直線の図になる。

教科書に載っている図が，自分たちが考えながら完成させた図の一部分であると見ることができれば，子どもたちもその図の見方がわかり，考えるときに活用できるものになるのである。

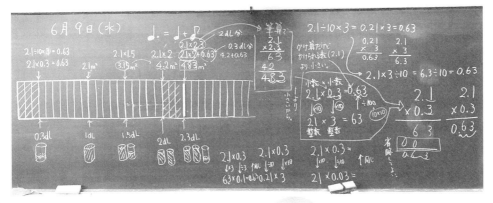

絵に表すことで
問題場面を具体的に
理解できていく
経験を積んでいく

中田寿幸

1 問題場面は絵に表す

2年生の4月。授業が始まってすぐに問題を板書する。

> クッキーを 12まい つくりました。
> つぎの日 23まい つくりました。
> ぜんぶで なんまい つくったでしょう。

文章を読み取るところからはじめたいと考えた。子どもたちはノートに問題を写していく。

「もうやってもいいですか」

「式も書いていいですか？」

「式も答えも書けました」

『絵はかけたかな？』

「絵もかくんですか？」

『式も答えも書けたら絵もかいていこう』

ここで絵をかかせるのは，時間の調整ではない。「位同士を合わせればよい」という計算方法を図で表すことで考えさせたいと思ったからである。十のまとまりをどのように子どもが表現するのか，計算方法につながる表現を引き出したいと考えていた。

この場面，式を書けない子はいなかった。答えがなかなか書けない子はいた。そんな子たちは式，答え，絵の順ではなく，絵からかき始めればよいのである。絵に表しながら問題を読み取っていく。立式ができると，答えも出せるようになっていく。

新しい内容に入り，立式が難しいなと思うときには，式と答えを書かせる前に『絵をかきなさい』と指示することもある。

普段から式，答え，絵の3つで表現していくことを当たり前のようにしていくとよい。

2 絵を図にしていく

子どもたちへは『絵をかきなさい』と話す

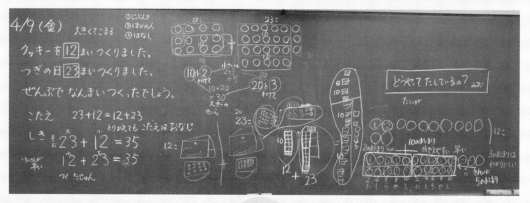

が，慣れてくると子どもたちは絵ではなく，丸や四角を使って，図に表していく。

しかし，1年生のはじめのころは時間をかけてたくさん絵をかかせいく。色も塗らせてカラフルに仕上げさせることもさせることもある。「算数の内容をわかるようにするためには，算数の時間に絵をかくことも大事な学習である」ということを示すためである。

学習が進むにつれて，絵に表す時間を短くしていく。『1分間でかきなさい』などと指示すると，人などでも丸や四角などの図で表すようになっていく。図の方が演算を考えたり，計算をしたりするには，余計な情報がなくて考えやすい。『上手にかけなくていいんです。図工とは違うからね。算数はわからないことを分かるようにするために絵をかいているんだからね』と話している。

③ 解決に困ったときには絵をかく

1年生の9月の文章題。

> ケーキは なんこ のこりますか？
>
> はこの中に 6こ あります。
>
> 3人の こどもに 1こずつ あげます。

ケーキが6個で子どもが3人ならば，ケーキの残りは3個とわかる。これは絵や図をかかなくても実際の場面をイメージしやすい。答えが先にわかる問題である。

式は $6 - 3 = 3$ となる。式と答えで子どもたちは満足気である。

『式を確かめてみます。6は何？』

「6はケーキ」

『引く数の3は何？』

「3は子ども」

『6つケーキから3人の子どもを引くって，それはできないでしょう』

「んーたしかに……」

『何だか，変ですね。困りましたね。さあ，困ったときは，どうしますか？』

「絵をかく」「絵をかけばわかるかも」

絵をかくことで，6個のケーキから3人をとっているのではなく，3人が食べた3個のケーキをとっていることが見えていく。

以前にも困ったときに絵をかいて問題を解決できた経験をしている子どもたちである。絵をかくことが問題解決に役立ったという経験を繰り返し積むことで，自ら図を使って考える子どもが育っていく。

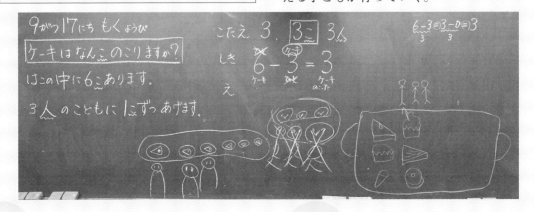

子どもの表現を
活かす

田中英海

1 子どもの表現を活かす

　3年までに加減乗除の場面を経験し，教科書もより抽象化された図に変わっていく。中学年ではそうした図を形式的に指導するのではなく，図を使うよさを味わわせたい。そのために子ども自身が図に場面や思考過程を表現していったり，図から意味を明らかにしたりする活動が重要である。

2 イメージを広げる，共有する

12こ入りのチョコが4はこありました。それを3人で同じ数ずつ分けると1人分は，何こでしょう。[H23版学校図書4上を改変]

　4年生のわり算の導入。問題文を書いた後「箱にはチョコがどう入っているイメージ？」とチョコの入り方をノートにかかせた。図に自分の捉えた場面のイメージを表出する。図の共有によって，自己と他者の共通点や相違点をつかみ，場面のイメージを捉え直す過程が生まれる。教科書の問題横に掲載された図は，ねらいに直結するよう既に理想化され

ている場合もある。だからこそ子どもに表現させたい。

　例えば，図Aのように48個を表現した図は10のまとまりを意識しているといえる。48を十の位と一の位を分ける見通しまでもっているかもしれない反面，問題文にある箱をイメージしていないかもしれない。

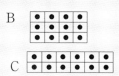

　どんな図のイメージか式で表現させると「4×3＝12　12×4＝48……」と発表した子がいた。「どこから出てきたの4×3？」という声や「わかるわかる」「同じだ」という声も聞こえた。始めにイメージさせた図が効いている。他の子が「たぶんこんな感じ」とBの図を付け足した。式から図を想像するためにも，全員が図をかくという共通の活動が大事となる。

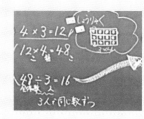

3 意味を明らかにする

　48÷3の計算の仕方について，計算の性質で解決した子がいた。48÷3はできないから，3を×2して，九九でできるわり算48÷6にして，答えを×2するという考えである。

　どう思う？と全体に問うと，「なんで×2にしたのに，÷2しないの？」という質問が出た。素直なとてもいい疑問である。形式的な

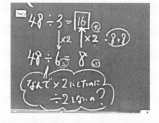

ものこそ，意味を明らかにする過程，イメージできることを大事にしたい。それを媒介するのが図になる。「分からないときは…どうしようか？」と教師も一度考える姿勢を示し，図にしようとアイデアを子どもから引き出す。

「人数が×2で6人になれば，もらえる16個のチョコの数は半分の8個になるよね。だから人数が元に戻るとチョコの数は8＋8で16個になる」と人数と個数の関係を図で説明した。かけ算やわり算の計算の性質は，複雑である。性質として覚えるのではなく，図に表して関係をつかむ過程を経ておけば，迷った時に図に戻る子が増えていく。

ちなみに問題場面をよくイメージできている子は，まず1箱ずつ3人に分ける。そして4箱目の12個を3人で分けた4個（12÷3＝4）を，12（1箱）＋4＝16［個］と求めた。多くの子の「なるほど～！」を得た考えであった。

4 洗練させることを急がない

乗除のテープ図や数直線の表現も子どもと作っていくといい。本来，図は数量関係を表した結果，静的な表現である。そのため，完成された図を見せればそこに思考過程は見えにくい。表現する過程を動的に見せる方が，一人一人が図を使って考える力は育っていく。事前にホワイトボードにかかせるのでなく，黒板に順を追ってかかせて発表する方がよい。

> 3こで80円のグミがあります。このグミを12こ買うとき，代金はいくらでしょう。

この問題は3個80円のセットのため1個あたりの値段が求められない。3この値段と12この値段を倍比例で捉える必要があり，式の説明をするときに図が欲しくなる。授業では80×4＝320と出した子と左図に対して，イメージが違ったと12袋買うと考えた子が右図をかいた。

80×3＝240　240×12＝2880　と考えた式を経て，問題にない4袋をどう表現するかが問いとなった。12÷3＝4，80×4＝320と発表を受け，上のアレイ図，3個1袋をテープ図の2つの表現を活かし，改めて式の意味を図に整理していった。

80円1袋，2袋で160円……4袋で□が320円とテープ図と数直線を作っていく。別の子は，80は80×1，160は80×2……と式を上に付け加えた。更にグミの個数も表したいと数直線を下に1本書き足し12÷3＝4を解釈した。「袋の数とグミの個数を示すとどうだった？」と振り返らせると，問題場面や式の意味がより明瞭になったよさを話していった。この図は教科書のように整っておらず，比例関係を表す矢印もない。しかし子どもには分かりやすい。図を洗練させる指導を急がず，子どもが素直につくり数量関係を解釈する時間を中学年で大事にしたい。

場面によって子ども
に問うことを変える

森本隆史

1 自ら図を使って考える子ども

　5年生に「2の倍数の時は右手，3の倍数の時は左手をあげてみよう。さらに，5の倍数の時は立ち，7の倍数の時は右足をあげよう」と言い，みんなで楽しく1から40までの数を，動きながら数えていた。「すぐにはできないから時間がほしい」と子どもたちが言うので，時間を与える。すると，ある子ども

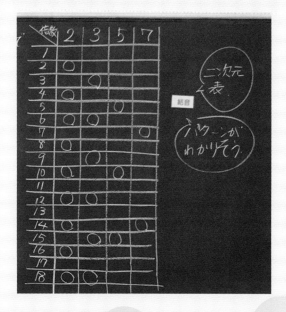

は左下のような表をノートに書いていた。

　わたしが「表をかきましょう」と言ったわけでもないし，授業に何かしかけをしていたわけでもない。この子どもは自らこの表をノートに書き始めたのである。自ら図を使って考える子どもとは，このような子どもだと認識している。

　子どもたちが図を使って考える場面を大きく2つに分ける。1つは，お示ししたように，教師が意図していない場面（A）。もう一つは，教師が意図している場面（B）である。

2 教師が意図していない場面では……

　まずはAの場面について考えてみる。このとき，どうしてこの子どもがノートに表を書いているのがわかったかというと，机間指導していたためである。わいわい数を言いながら練習している子どもたちがいる中，じっとノートにこの表を書いている姿があった。

　自ら図を使って考える子どもを育てるために教師にできることの1つは，他の子どもたちにも「この表現を伝える」ということである。二次元の表は3，4年生の教科書には出ているが，その後なかなか大きく取り扱われない。実際に左のような表があれば，頭の中で考えていることが整理されているのが見て取れる。この表を見た子どもは「おお，わかりやすい」と言った。

　教師ができる2つめのこととして，この表を使うとわかりやすいということを「子どもたちの記憶に残していく」ということである。子どもたちが意識できるようにするといったところである。

もう１つできることがある。それはこの子どもが「『どうしてその表を使おうとしたのか』ということを問う」ことである。先ほどの子どもに「どうして表に表そうと思ったの？」と聞いてみた。するとこの子どもは，「何かパターンがあると思った。表にしたら，きまりをみつけやすいと思ったから」と言った。過去の経験から「表に表すときまりがみつかりやすい」ということを学んでいるのである。このように問うことで「きまりをみつけるときは表を使うとわかりやすい」ということが，子どもたちの中で強化されていく。表を使うよさを感じることができれば，次に同じような場面が出てくれば，自ら図を使おうとする子どもは増えてくるはずである。

③ 教師が意図している場面では……

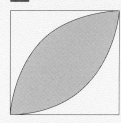

次にＢの場面について，６年生の円の面積の学習を例に考えてみる。一辺の長さが10 cmの正方形の中に左のように色のついた形があり，この面積を求める問題があったとする。この場合，補助線を引かなくても色のついた部分の面積を求めることはできるが，「補助線を引いて考える」ということも子どもたちに考えさせたいと思った。補助線を引くことで，子どもたちに見えてくることが変わってくるからである。いろいろな場面で自ら補助線を引いて考えるという子どもたちに

なってほしいと思っている。

この場面でも「直線を引いて考えてみよう」と教師が言うのでは，子どもが自ら考えているとは言い難い。「このままの形だと，面積を求めることができない」と，子どもが困っていることをまずは表出させる。そして「今どんな形が見えている？」と尋ねる。そうすると「正方形」「円の４分の１」「ブーメランみたいな形」など，実際に見えている形が子どもたちから出てくる。そこで私は「確かにそうだね。このままだとそれしか見えないね」と言った。このように言うことで，子どもたちは「このままではない形」を作ろうとし始めるからである。多くの子どもが補助線を引き始めた。これは教師の意図的な働きかけがあったと言える。

先ほどのＡの場面のように「どうして直線を引こうと思ったの？」と，この場面で聞いてもさほど効果はない。教師に促されて直線を引いたからである。ここで子どもたちに問うべきは発想の源ではない。ここで子どもたちに尋ねたいのは，「直線を引くとどんないいことがあったか？」である。

直線を引くと子どもたちには新たに直角二等辺三角形が見えてくる。直角二等辺三角形が見えてくると，新しい考えが見えてくる。その結果，色のついた部分の面積を求めることができる（ここでは割愛するが）。直線を引くことがきっかけとなり，見えてくることが変わったということを強化していき，次に同じような場面に直面した時も「直線を引いてみようかな」と思ってほしいのである。

数 図
の役割と活用の仕方

数をどういう構成で
見ているのか

田中英海

1 数を捉えるための数図

　子育てを経験すると分かるが，数を順番に唱えること自体は，3歳までには多くの子ができる。5という数字を見て，「ご！」と言うことができる。しかし，数と物を一対一に対応させて数えたり，落ちなく数えたりできるようになるまでには時間がかかる。また，いくつあるか数える時，1・2・3・4・5と順番に数える時期があり，パッと見て5と分かる時期がやってくる。大人でも瞬間的に分かるのは5ぐらいまでだという研究もある。具体物やブロックなどの半具体物などを実際に扱う活動と共に，数をどう捉えているのか，抽象的な数の理解を促すために数図をうまく活用したい。

　教科書には上のように5や10のまとまりを生かして考えられる数字が載っている。見て数を捉える数図，10の○があり中を塗らせていく数図がある。一つ一つ数えながら塗る活動を意図しない教科書会社もあるが，全員に取り組ませたい活動である。塗っていない部分を意識させると10の合成分解にもつながる。

2 子どもの数図のみえ方

　本校 OB 手島先生の書籍に，数図と数の直観指導とのかかわりの研究が紹介されていた。梯英雄先生の論文（『教育研究』明治42年4月号）では「どの数図がより見易く，数を把握しやすいのか」1年生35名に調査している。数図を1秒見せて取り去り，記憶を頼りに形象を描かせている。（表は調査の一部を抜粋した。）

	五	六	七	八	九	十
H	●●●●● 20人	●●● ●●● 14人	●●●● ●●● 15人	●●●● ●●●● 18人	●●●●● ●●●● 24人	●●●●● ●●●●● 31人
ブッセ氏	●●● ●● 34人	●●● ●●● 32人	●●● ●●●● 31人	●●●● ●●●● 34人	●●● ●●● ●●● 33人	●●● ●●● ●●● ● 31人

　表の H が今日の教科書の数図で同じである。下のブッセ氏の数図の方が正しくかけた子が多い。五を3と2，3と3，…3と3と3とほぼ全員に近い。子どもは一列並んだ5つの●を直ぐには5と認識するのが難しいことが推測できる。一方，同じ数のまとまりがいくつあるか，乗法的な見方を1年生はもっているといえる。10の○の中に6や7を塗らせるとブッセ氏のように塗る子も多い。つまり，現行の数図の6以降は「5といくつ」で構成しているという見方のよさに気付かせる指導が必要といえるだろう。2年以降は，乗法のアレイ図や大きな数の数直線の上に具体的な数をイメージさせるために使われる。数図を見た時に，例えば6は5と1，100は●100こ，100は10が10など加法的・乗法的など，子どもによって多様なみえ方をしている。発達段階や個人差を丁寧に見取り，数の見方を高めていけるように扱いたい。

情 景 図
の役割と活用の仕方

関係のない絵は
描かせてはだめ？

田中英海

1 情景図を抽象していく

　情景図とは，その言葉のとおり個人がイメージする情景を表した図である。問題と出合った時に，場面や数量，数量の関係をどう捉えているか表現される。

　お話を絵にしようと次のように板書した。

> でんせんに　とりが３わ　います
> やねのうえに　４わ　います

　自力解決の中から，下の絵の子どもを指名した。書画カメラで黒板に映した。

　この絵どう思う？　と問うと，「いい！」という意見と「ダメ」という声が聞こえた。そこで，まず全員に○か×を手で表現した。×と主張する子は「別の動物がいるからダメだと思う」「寝ている鳥がいる」「電線に鳥が４羽いる」という発表をした。よく見ると，電線の上にいるようにも見える。○と主張した子は，「でも，鳥は電線に３羽と屋根に４羽いるよ」と言った。そして，黒板に写した絵の上に，電線の鳥は白，屋根の上の鳥は黄

色のブロックを置いた。お話と関係のない絵もあることで，子どもは対象を抽象と捨象をし「鳥」の集合がより明確になっていく。

　この後，全部で何羽いるかを問い，ブロック操作と式でたし算と鳥の数を確認した。情景図をより抽象化した表現として，ブロックや○の図を指導する。しかし，子どもたちは絵をかくことを好む。○も一列に表すことは理解できても，場面に依存して，横一列にしない。

　○○○→　←○○○○

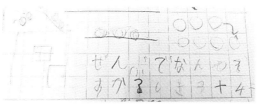

2 絵をつかって表す価値

　問題を見て演算決定に迷うと，何もせずに止まってしまう子がいる。まずは絵や図で問題を整理しようとする子に育てたい。１年生は絵をかくことが好きな子が多い。だからこそ，この時期に情景図をかく活動時間を大切にしたい。ついつい○の図などに抽象化を急いだり，ブロックの操作に重きを置いたりしてしまいがちである。具体と抽象の行き来は，一人一人の感じ方，分かり方に寄り添うとよい。情景図は，問題解決に困った時の解決の１歩目になる。場面がイメージできない時など，とりあえず絵に表現しようとする態度が育つように，情景図に表現し，問題や思考が整理できたと感じられるようにしたい。

かけ算を視覚的に理解する

中田寿幸

アレイ図とは，●や■等を，縦横に規則正しく並べた図である。●や■の代わりに1辺の長さが1 cmの正方形を用いれば面積図となる。アレイ図という言葉は学習指導要領には出てこない。しかし，どの教科書にも2年かけ算の学習の場面で出てくる。

1 かけ算の意味

かけ算は1つ分×いくつ分で表されるので，アレイ図では縦に並んだ分が1つ分，そのまとまりが，横にいくつ分のように並ぶ。これにより，かけ算の意味が視覚的に理解できるようになるよさがある。かけ算の意味を理解するためには問題場面は具体物で行うが，一般化していく過程でアレイ図で示していく。

2 かけ算について成り立つ性質

かけ算について成り立つ以下の性質を見出すときにも使われる。

①乗数が1増えれば積は被乗数分だけ増える

②交換法則

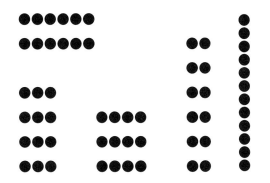

④分配法則　●●●　●●●●

●●●　●●●●

$$（3＋4）×2＝3×2＋4×2$$

3 1つの数をいろいろな数の積としてみる

「おはじき12個を使って，かけ算の式で表せるように並べましょう」という問題を表す。

●●●●●●●●●●●●

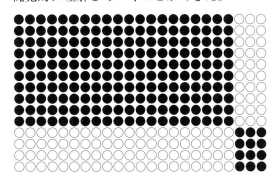

4 2位数×2位数のかけ算

3年のかけ算で，例えば14×23のような計算を14と23をそれぞれ十の位と一の位に分けて10×20＋4×3と考える子がいた。このとき，アレイ図を提示し，10×20と4×3がどの部分にあたるかを考えさせて白抜きにして，視覚的に理解していくことができた。

アレイ図と筆算の計算の仕方と対応させて比べることもできる。

テープ図
の役割と活用の仕方

幅をもたせて量を
見えるようにした図

中田寿幸

　テープ図は問題の数量の関係を，テープの幅と長さで量を表して視覚的にとらえやすくした図である。

　扱う数が少ない間は，数量の関係を絵で表していく。しかし，扱う数が多くなると，絵を見ただけでは数がよくわからなくなる。

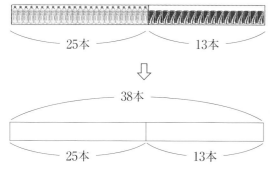

　そこで，絵を枠で囲んで数を書き入れていくことで，テープ図に近づけていく。

　具体物をブロックに置き換え，並んだブロックをテープ図に置き換えていくことで，テープが具体物を表していることを理解させていくこともできる。

　テープ図のかき方は教科書によって少しずつ違っている。こう書かなければならないというものはない。問題場面に合わせて，子どもが考えていく順に一緒に作っていければよい。

　5年のかける数を小数に拡張していく場面では，実物のテープを使いながら，図を作って問題解決を進めた。

　黒板にテープをはり，「テープはいくらでしょう？」と聞く。子どもからは「長さを知りたい」「1mあたりの値段を知りたい」という反応がある。1mあたり30円であることを伝える。「テープ全体の長さは教えられないけど，1mはこのくらい」と，1m定規をテープの下に置く。ここで値段を予想させると，「2mくらいだから」「3mだったら」と整数の場合の値段が出てくる。「2mと3mの間なので2.5mくらいかな」と2.5mの値段を求めていく。その過程でかける数が小数の30×2.5の式が検討される。その後，テープの長さを測ってみると2.4mであることがわかり，テープの下に長さの数直線がかき加えられ，図ができあがっていく。そして，0.1mあたりの値段が問題になりながら，30×2.4の式について検討していくことになる。

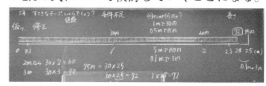

　このような問題解決場面を通して，テープ図は数直線図を加えることで，二本の数直線図になっていくのである。

　学習指導要領解説算数編には2年の逆思考の問題場面で，テープ図ができていく過程の記述があり，参考になる。

　問題の文脈にそって，対話を通して図に少しずつかき加えながら数量の関係を視覚化していくことで，理解が深まっていくのである。

逆思考の問題に活用する

盛山隆雄

1 線分図の役割

線分図は，問題の中の数量を線分の長さで表し，未知の数量を含めて数量の関係を視覚的に捉えるための図である。

線分図は，下記のように少しずつ抽象度を高めるようにして指導していく。

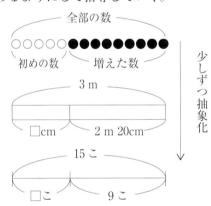

2 活用の仕方

3年生において，加減乗除の各場面で数量の関係を捉えて問題を解決するために用いる。

3年生では，順思考で□を使った式に表し，その式になる理由や，□にあてはまる数を求める方法を考えるために線分図を活用する。

① （たし算の逆思考）

$a + \square = b \rightarrow b - a = \square$

あめを15こもっていました。

あとからいくつかもらったので，あめが21こになりました。あとからあめをいくつもらいましたか。

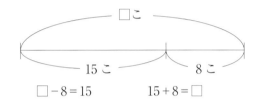

$15 + \square = 21$ $\qquad$ $21 - 15 = \square$

② （ひき算の逆思考）

$\square - a = b \rightarrow b + a = \square$

あめが何こかあります。8こ食べたので，のこりが15こになりました。はじめにあったあめは何こですか。

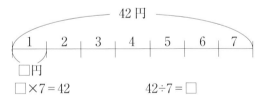

$\square - 8 = 15$ $\qquad$ $15 + 8 = \square$

③ （かけ算の逆思考）

$\square \times a = b \rightarrow b \div a = \square$

同じねだんのあめを7こ買ったら，代金は42円でした。あめ1このねだんはいくらですか。

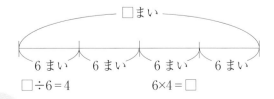

$\square \times 7 = 42$ $\qquad$ $42 \div 7 = \square$

④ （わり算の逆思考）

$\square \div a = b \rightarrow a \times b = \square$

なんまいかあった画用紙を6まいずつ配ったら，ちょうど4人に配れました。はじめにあった画用紙のまい数は何まいですか。

$\square \div 6 = 4$ $\qquad$ $6 \times 4 = \square$

数のモデル

盛山隆雄

1 数直線の役割

数直線は，数のモデルの1つで，数の性質や関係を直観的に捉える役割をもっている。

数直線は，一定の長さを単位として測った数を直線上に順に目盛ったものである。線分図が量を線分の長さで表すのに対し，数を数直線上の点の位置で表している。

数直線によって，整数，小数，分数などの概念形成や，演算の意味，大小関係の理解を深めることができる。

2 数直線の活用

1年生では，0と自然数の大小や順序を知るために，数の系列を作ったり，「かずのせん」に表したりする。

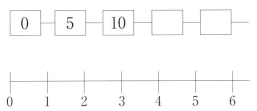

数を数直線上に表すと，それらの数は直線上で等間隔になっている点と1対1に対応していることや，右にいけばいくほど数が大きくなることに気づかせる。

全学年の 図 の指導

3年生では，小数と分数を学習する。これらの数を数直線の上に表して，整数と同じ系列の中に位置付けることは，それらの大きさや数としての理解を深めることに有効である。

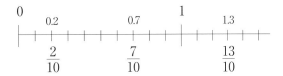

4年生では，同値分数を直観的に捉えるために数直線を活用する。また，仮分数や帯分数を数直線上に表すことは4年生の学習になる。分数は，都合のよい大きさで1を等分した長さを単位として表すことができる。そのため，分数を数直線上に表すことは簡単なことではない。

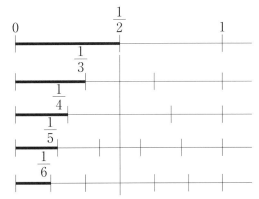

概数の学習は，数直線をもとに考える。「北町の2368人，南町の2850人は，それぞれおよそ何千人といえますか」といった問題を考えるときに使い，四捨五入などの処理を学ぶときにも数直線を用いるとわかりやすい。

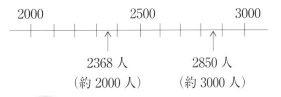

小数・分数の指導に
活用する

盛山隆雄

1 液量図の役割

　液量図とは，長方形（正方形）の面積を液量の1 L や1 dL などの量に見立て，縦の辺を等分して表された面積によって，小数または分数の数量の大きさを示すのに用いられる図のことである。

　小数や分数の概念，同値分数，小数や分数の加減の計算の仕方，商分数などを考察するときに用いられる。

①　小数
　1 L を 10 等分した
　1つ分のかさは 0.1L。
　　　　　　　　　　1 L

②　分数
　右図の水のかさは
　何 L ですか。
　　　　　　　　　　1 L

$\frac{3}{5}$L

③　同値分数

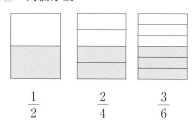

$\frac{1}{2}$　　$\frac{2}{4}$　　$\frac{3}{6}$

2 液量図の活用

　分数の加減の計算の仕方と商分数の考察に活用する場面を紹介する。

①異分母分数の加法の場面

　ゆきさんは，$\frac{1}{2}$L と $\frac{1}{3}$L のジュースをしぼりました。あわせて何 L あるでしょうか。

$\frac{1}{2}$L　　　　　　　　　$\frac{1}{3}$L

$\frac{5}{6}$L　　$\frac{1}{6}$Lが(3+2)個分

　液量図を活用して，結果の見通しを立てたり，分母（単位）をそろえて計算する意味を説明したりすることが大切である。

②商分数の意味理解の場面

　2 L のジュースを 3 人で等分したときの，1 人分の体積の表し方を考えましょう。

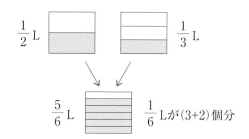

1 L　　　　÷3　　　1 L

$1 \div 3 = \frac{1}{3}$

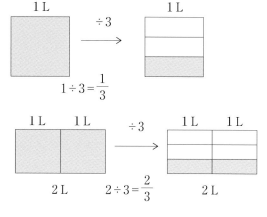

1 L　1 L　　÷3　　1 L　1 L

2 L　　$2 \div 3 = \frac{2}{3}$　　2 L

　液量図を活用して2 L を 3 等分することの意味をおさえた上で，2 ÷ 3 という除法の商が $\frac{被除数}{除数}$ という分数に表せることをまとめる。

列をそろえて数を書き出すと見えてくる

中田寿幸

表は，集めたデータを目的に応じて分類整理し，特徴を調べるため列をそろえてまとめたものである。表に整理することで，グラフに表しやすくなったり，きまりを発見できたり，二つの数量の変化や対応の特徴を見いだすことができる。表に表すことで満足するのではなく，表に表してからその数値をどう見ていくかが大切になる。

例えば4年の「変わり方」では，牛の数に対応する柵の数を紙に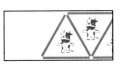

表し，下のように並んだ紙を，並び替えて，重ねて右下のような表の形にしていく。

すると，牛の数が1頭増えるごとに柵の数が2本ずつ増えていくきまりがはっきりと見えてくる。このあと，見えたきまりを使って，牛がさらに増えたときの柵の数を求めていった。

このようなきまりは表の中に数値が入っていなくても見いだすことができる。

例えば1年で和が6になるたし算を1人ず

全学年の 図 の指導

つ言わせてカードに書き出していくと，2＋4，3＋3，1＋5，4＋2，5＋1のように出てくる。「まだあるんじゃない？」「これで全部かな？」と聞くと，右のようにカードを並べて「これで全部」であることを説明していく。この場合，表の枠線はないが，縦にそろえて並べることで落ちがないことが見やすくなったのである。

| 1 ＋ 5 |
| 2 ＋ 4 |
| 3 ＋ 3 |
| 4 ＋ 2 |
| 5 ＋ 1 |

5年で内角の和の学習の発展として，多角形の外側の角の和の学習をしたときのことである。

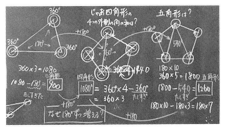

外側の角を図の近くに数を示していくことで，外側の角が180°ずつ増えていくことがこの授業では見えてきたが，もし見えてこなければ，下のように表にまとめることで180°増えているのを示す予定であった。

	三角形	四角形	五角形
内側の角	180°	360°	540°
外側の角	900°	1080°	1260°

6年で「この関係は比例かもしれない」と考えたときに，数値だけを書くときがある。しかし，罫線は引かなくとも，縦横そろえて数値を並べるとき，子どもは数の並びを表として見ている。縦横の列をそろえて並べることで，変化や対応の関係を見いだしていくことができるのである。

| 二次元表 |
| の役割と活用の仕方 |

統計的な問題解決へと
つながる二次元表

森本隆史

二次元の表は，3年の教科書に初めて出てくる。例えば，4月と5月に貸し出した本の冊数を調べるとき，別々の表だったものを1つの表にまとめるといったものである。日時や場所の観点など，1つの観点で作った表をいくつか組み合わせて作成した二次元表である。3年生では，主にこのような二次元表をしっかりと読めるようにしておきたい。

4月に貸し出した本の数

種類	数（冊）
物語	13
伝記	7
図鑑	8
その他	5
合計	33

5月に貸し出した本の数

種類	数（冊）
物語	17
伝記	9
図鑑	4
その他	8
合計	38

貸し出した本の数

種類	4月	5月	合計
物語	13	17	30
伝記	7	9	16
図鑑	8	4	12
その他	5	8	13
合計	33	38	71

4年生でも二次元表は出てくる。ぱっと見，同じような表に見えるが，少し内容が異なる。3年生では観点が1つだったのに対して，4年生では観点が2つになっている。

けがをした場所とけがの種類　　　（人）

場所＼種類	切りきず	打ち身	すりきず	つき指	ねんざ	合計
運動場						
ろうか						
教室						
体育館						
階だん						
合計						

例えば，よく教科書に出ている「けが調べ」では，どんな場所で，どんなけがをするのかというように，「場所」と「けがの種類」の2つの観点が入っている。3年生とは分類の仕方が異なっているので，その分，表を読むのも少し難しくなる。

また，右のように，「男のきょうだいがいるか，いないか」「女のきょうだいはいるか，いないか」のように，A，Bの2つの観点からデータを調べると，4つの場合が考えられる。このように物事を分類整理することで，論理的に起こり得る場合を調べたり，落ちや重なりがないように考えたりすることができるようになるというのが4年生である。

＼	男のきょうだい		合計
	いる	いない	
女のきょうだい いる	4	8	12
女のきょうだい いない	12	8	20
合計	15	16	32

データの活用領域では，「問題―計画―データ―分析―結論」という統計的な問題解決が重要視されている。教科書に扱われる関係で，二次元表が出てくるのは，4年生までと捉えられがちである。高学年では，円グラフや帯グラフなどを教えるというイメージをもちやすいのも仕方がない。

しかし，二次元の表が本当に必要になってくるのは，高学年からである。統計的な問題解決をしていくとき，子どもたちがどの観点から物事を分析していくのかによって，見えてくることが変わってくる。例えば「給食の残量を減らしたい」という子どもの思いがあったとする。このとき，好きなメニューについて調べるのと，きらいなメニューについて調べるのでは，見えてくる内容は異なってくる。二次元表は，中学年までは表にまとめたり，読んだりすることが大切だが，高学年では，「どの2つの観点について調べるか」ということが大切になってくる。

比例数直線
の役割と活用の仕方

量感を伴った比例関係の理解につながる比例数直線

青山尚司

1 比例数直線の役割

比例数直線は，図1のように左端が0で右にいくほど数が大きくなっていく数直線を上下に2本並べたものである。数直線図，対応数直線，二重数直線などと呼ばれることもある。通常，1本1本は異種の量を表し，それらが比例関係にあることが前提となる。この図は主に，乗除法の演算決定や計算の仕方の説明，数量関係の把握に用いられる。また，同種の量の場合は，図2のように下の数直線を割合として表すことで上の数量

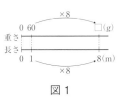

図1

の基準とする値を1としたときに，もう一方の値がどれだけにあたるかを表す使い方もするようになる。整数，小数，分数の乗除法において同じ構造で用いることができ，異種，同種の割合など，比例関係が前提となる学習においても汎用性が高い。高学年の学習において児童自身が主体的に用いることができるようになっていてほしい図のひとつである。

図2

2 比例数直線の活用の仕方

ここでは代表的な活用例を2つ紹介する。まず乗除法の演算決定である。1mが80円

のリボンを□m買ったときの代金を求める場合，図3のよ

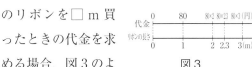

図3

うに代金と長さの比例関係を根拠として，□＝2であれば，1mの2倍であることから代金も80円の2倍となり，□＝3であれば，1mの3倍であることから80円の3倍となる。そして，□＝2.3と小数値になっても，1mの2.3倍であることから代金を求める式が80×2.3となることを説明することができる。また，その積が2m分の160円と3m分の240円の間にあることを見積もることもできる。

2つ目は計算の仕方の説明である。2.3m分の代金を求める場合，1m分の代金である80円を10で割って0.1m分を求めてから23倍にして求める方法（図4）や，80円を23倍して23m分の代金を求めてから10で割って求める方法（図5）がある。これらの例のように，比例関係を用いて二量を一旦都合の良い組み合わせとし，そこを経由してから最終

図4

図5

的な答えにたどり着く過程を，視覚的に明らかにすることができる。

比例の見方・考え方を働かせて，児童自身が目盛りを加えながら思考過程を整理したり，説明したりすることができるようになると，連続性や均質性，そして量感を伴った，数量関係の深い理解につながっていく。

関係図

の役割と活用の仕方

シンプルな構造で立式や解決の手助けとなる図

青山尚司

1 関係図の役割

物語の巻頭にストーリーの理解を補助する目的で登場人物の関係図が載っていることがある。算数で用いる関係図も問題に示された数量の関係を視覚的に分かりやすくすることで、立式や解決の手助けをする役割がある。ここでは、多様な関係図の代表的な例として図1のように左側に基準量，右側に比較量、それらの倍関係を矢印で表す乗除法の関係図について述べる。

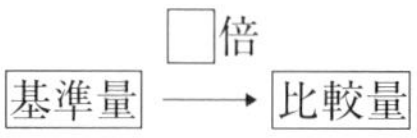

図1

2 関係図の活用の仕方

例えば、「白いテープは10 cm です。赤いテープは14 cm です。赤いテープの長さは白いテープの長さの何倍でしょう」という第1用法の問題であれば、図2のように基準量の白を左に、比較量の赤を右に位置づけ、その間にある矢印が、求める「□（倍）」となる。ここから「10×□＝14」という乗法の式を得て、何倍かを求める式を、「14÷10」と立てることができる。

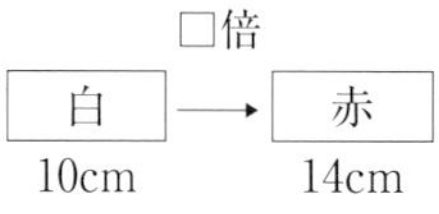

図2

また、「$\frac{2}{5}$ dL で $\frac{3}{4}$ ㎡ぬることができるペンキがあります。このペンキ1 dL でぬることができる面積を求めましょう」という第3用法の問題がある。この問題から分かる関係は、$\frac{2}{5}$ dL が1 dL の $\frac{2}{5}$ 倍ということである。そこで基準量1 dL と比較量 $\frac{2}{5}$ dL との間に、「$\frac{2}{5}$ 倍」という矢印を描く。そして、$\frac{2}{5}$ dL の下にぬれる面積の $\frac{3}{4}$ ㎡を、1 dL の下に求める面積を□㎡として対応させることで、図3のような関係図が完成し、問題構造がはっきりする。ここから、まずは「□×$\frac{2}{5}$＝$\frac{3}{4}$」と乗法の式に表し、□を求める式として「$\frac{3}{4}$÷$\frac{2}{5}$」という除法の式が得られるのである。

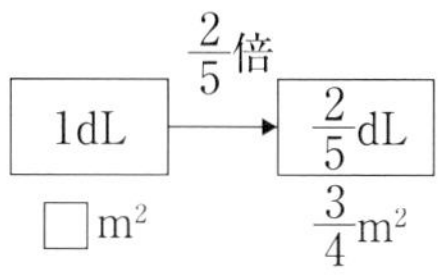

図3

他にも、白の1.5倍が青、青の2.4倍が赤で、赤が18 cm のときの白の長さを求める問題（図4）や、ノート6冊と100円の定規を買った代金が820円の時のノートの値段を求める問題（図5）のように、複雑な思考過程を要する問題の構造を整理する際にも効果的である。

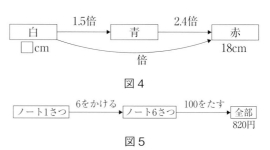

図4

図5

関係図は3用法のいずれの場合も，同じ位置関係で表すことができ、数量関係をイメージすることが苦手な児童にとってシンプルで分かりやすい図といえる。しかし、比例数直線や線分図を用いることで連続性や包含関係、量感を意識づけることも忘れてはいけない。それぞれの図の特性を理解し、必要に応じて組み合わせながら用いることが大切である。

面積図を用いて「分数×分数」の計算の仕方を見出す

大野　桂

> 縦の長さ $\frac{1}{2}$ m，横の長さ $\frac{\square}{\square}$ m の長方形の面積を求めます。横の長さが $\frac{\square}{\square}$ m なら面積を求めるのが簡単ですか？

という問題で，面積図を用いて「分数×分数」の計算の仕方を見出す実践を行った。

　提示された問題に対し，多くの子供が「$\frac{1}{1}$ m」「1 m だから」という反応を占めした。私は，「1！　それはずるいなぁ」と言いながら，おもむろにその図を黒板に描いた。

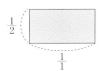

　そして，「ところで面積は何㎡」と問うと，$\frac{1}{2}\times\frac{1}{1}=\frac{1}{2}\times1=\frac{1}{2}$（㎡）と述べた。

　この結果を受け，「この図，$\frac{1}{2}$ ㎡ に見える？」と問い，子供たちを図に目を向けさせた。「$\frac{1}{2}$ ㎡にはみえない」という反応が多い中，数名の子供たちが，「その長方形がもう1つあれば $\frac{1}{2}$ ㎡にみえる」と述べた。

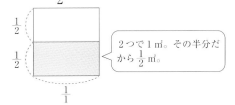

2つで 1 ㎡。その半分だから $\frac{1}{2}$ ㎡。

　この反応を捉え，「なるほど 1 ㎡の半分とみたのか！」と驚くように復唱した。

　ここで，「横の長さを 1 m より短くしよう。$\frac{\square}{\square}$ m なら，簡単に面積が求められそう？」と問うた。「$\frac{1}{2}$ m」という反応が多かったので，黒板にその図を板書した。

　そして，「面積は何㎡」と問うと，「$\frac{1}{4}$ ㎡」という返答。これを受け，先ほどと同様，「本当に？この図 $\frac{1}{4}$ ㎡に見える？」と問うた。

　すると今度は，「その図が4個あればみえる」という反応が多くの子供から表出した。

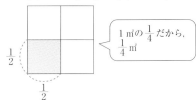

1 ㎡の $\frac{1}{4}$ だから，$\frac{1}{4}$ ㎡

　この反応を捉え，「なるほど 1 ㎡の $\frac{1}{4}$ とみたのか！」と復唱し，さらに「ということは，$\frac{1}{2}\times\frac{1}{2}=\frac{1}{4}$ ということだけど，式の意味が図からわかる？」と問うた。その反応を以下に示す。

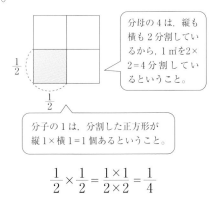

分母の 4 は，縦も横も 2 分割しているから，1 ㎡を2×2＝4 分割しているということ。

分子の 1 は，分割した正方形が縦 1×横 1＝1 個あるということ。

$$\frac{1}{2}\times\frac{1}{2}=\frac{1\times1}{2\times2}=\frac{1}{4}$$

　このように，子供たちは面積図を用いて，分数×分数の計算の仕方を見出した。

の役割と活用の仕方

変化の仕方を目に見える形に表し，答えの見当を付ける

夏坂哲志

1 変化を見える形に表す

折れ線グラフのよさは，変化の様子が視覚化できることである。これを問題解決に役立てることができる。

例えば，次のような「速さ」の問題について考えてみたい。

「あきおさんは，A町からB町に向かって時速6kmで歩きます。はるこさんは，B町からA町に向かって時速4kmで歩きます。A町からB町までの道のりは6kmです。2人は何分後にどこで出会うでしょうか。」

グラフの横軸を「出発してからの時間」，縦軸を「A町からの道のり」として，2人の動きをグラフに表すと次のようになる。

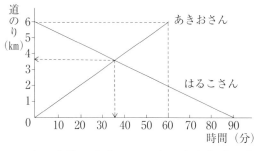

2本の直線の交点が，2人の出会う時間と場所を表している。

このグラフを見ると，はっきりした答えはわからないとしても，「出発してから30分から40分の間」に「A町から3kmから4kmの間」で出会うことがわかる。

さらに，このグラフの中に相似形を見出すことができれば，その関係を利用した答えを求め方を考えることもできるだろう。

2 グラフの形を予想する

次のような問題がある。

「ある商品を1個50円で売ると，1日に400個売れます。1個の値段を1円上げる（下げる）ごとに，売上個数は4個減る（増える）そうです。1個いくらにした時，売上金額は最大になるでしょうか？」

1個の値段を仮定して，それぞれの売上金額を調べてみると，次のようになる。

1個40円→売上17600円

1個50円→売上20000円

1個60円→売上21600円

1個の値段を上げていくと，売上金額も増えていくように見える。しかし，「1個100円」の場合も売上は20000円で「1個50円」の場合と変わらない。グラフにすると，「上がって下がる」形になることが予想できる。

この問題は二次関数で，グラフに表すと釣り鐘のような形。小学生では手に負えないようにも思えるが，「（売上金額が同じになる）50円と100円の真ん中（75円）が最大になるはずだ」と答えの見当は付けられる。

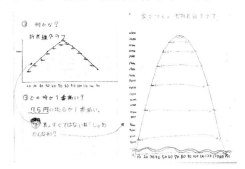

割合を視覚的にとらえる

夏坂哲志

■ 変化の度合いを視覚的にとらえる

ある学校の図書室で貸し出した本の冊数を，学年ごと（4年生以上）に帯グラフに表してみた。上は6月の第1週，下は第2週の貸し出し数を表したものだ。

図書室の本の貸し出し数

このグラフから，どんなことがわかるだろうか。

たとえば，第1週は3つの学年の割合がほぼ同じであるが，第2週は6年生が大幅に減っていることに気付く。理由を調べてみると，第2週は，水曜日から6年生が修学旅行に出かけたために，登校しなかった。だから，6年生の分は月曜日と火曜日しか数えられていないというわけだ。

比較してみることで，変化の様子が視覚的にとらえられ，「少なくなったのは，なぜだろう？」のように，理由を考えるきっかけになることがある。

■ 誤った解釈に注意

左のグラフを見て気付くことは他にもある。「4年生も5年生も，貸し出し数が増えた」と読み取る人もいるだろう。だが，本当にそうだろうか。

第2週の5年生は，4～6年生の貸し出し数のほぼ半分を占めている。大幅に増えたように見えるが，実際の冊数は4冊しか増えていない。4年生にいたっては，全体に対する割合は29.2％から31％に増えているのに，冊数は7冊も減っている。

グラフの帯の長さだけに目を向けると，「4年生も5年生も読書を頑張っている。それに対し，6年生は減っている」という誤った解釈をしてしまうことになりかねない。

ところが，1日当たりの冊数を比べてみると，次のようになる。（4，5年生は月～金曜日の5日間，6年生は月・火曜日の2日間で計算）

〔4年生〕28÷5＝5.6（冊）

〔5年生〕44÷5＝8.8（冊）

〔6年生〕18÷2＝9（冊）→1番多い

このことから，データを正しく読み取るためには，様々な観点から分析することが必要だということがわかる。また，棒グラフと帯グラフを組み合わせたようなグラフの方が，より正しく読み取れる場合もあるようだ。

図書室の本の貸し出し数

	0	50	100 （さつ）
6月第1週	4年生（29.2％）	5年生（33.3％）	6年生（37.5％）
6月第2週	4年生（31％）	5年生（49％）	6年生（20％）

ドットプロット・柱状グラフを用いる必然性

大野　桂

■ ドットプロットを用いる必然性

> 　6年生に向けて上履きを販売します。そして，なるべく売れ残りや不足がでないような，上履きのサイズの仕入れ方について店員が考えています。
> 　店員は，学校から，子供たちが履いている，もっとも小さなサイズが21 cm，もっとも大きなサイズが27 cmだと聞きました。この情報を聞いた店員は，21 cmから27 cmのサイズの上履きを同じ数ずつ仕入れることにしました。
> 　ところが，実際に販売してみると，どのサイズもまんべんなく売れるわけではありませんでした。

という文脈の場面である。

　このような問題状況に直面すると，上履きを売れ残りや不足をなくすためには，先ほどとは異なる子供たちの靴のサイズの情報が必要になってくる。

　例えば，6年生全員の上履きのサイズの情報である。その情報が必要な理由は，靴のサイズの分布を知りたい他ならない。そうなれば，必然的にドットプロットにあらわすことへと繋がるのである。

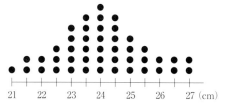

　ドットプロットなら，分布が一目瞭然となり，仕入れ方を決める課題解決へと繋がる。

授業には，このような必然性が必要である。

■ 柱状グラフを用いる必然性

　下の表は，ある学校の1組と2組の50 m走の記録である。

50 m 走の記録（1組）

番号	時間（秒）	番号	時間（秒）
1	9.3	7	8.8
2	9.0	8	9.3
3	9.5	9	8.5
4	9.1	10	9.1
5	9.0	11	8.6
6	9.0	12	8.8

50 m 走の記録（2組）

番号	時間（秒）	番号	時間（秒）
1	9.1	7	8.9
2	9.2	8	8.9
3	8.8	9	9.6
4	9.3	10	8.7
5	9.2	11	9.3
6	9.1		

　この表を見て，どちらのクラスの方が速いかを分析することが課題である。例えば，これをドットプロットに表しても各数値が少数しかないので，ドットプロットの高さが出ず，幅だけが広がり分布は判断しずらくなる。

　このような場合に，「階級で見る」という必然性が生まれるのである。

　例えば，以下のような度数分布表である。これであれば，分布が一目瞭然だろう。

50 m 走の記録（1組）

時間（秒）	人数（人）
8.5以上～　8.8未満	2
8.8　～　9.1	5
9.1　～　9.4	4
9.4　～　9.7	1
合　計	12

50 m 走の記録（2組）

時間（秒）	人数（人）
8.5以上～　8.8未満	1
8.8　～　9.1	3
9.1　～　9.4	6
9.4　～　9.7	1
合　計	11

　そして，この度数分布表をグラフにしたのが柱状グラフである。これなら，分布がより明瞭となり，速さを決める課題解決へと繋がるだろう。

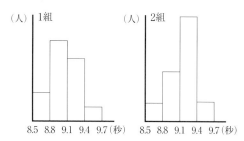

補助線の2つの役割

森本隆史

◆ 補助線を引くと……

　「ここに直線を引くと，何か見えてくるかもしれない」とか「この前も直線を引くと，問題を解決することができたから，今回も引いてみようかな」というように，子ども自らが補助線を引くようになることが望ましい。これについては，p.15にも考えを述べているので，参考にしていただければと思う。ここでは，図形の学習においての補助線の役割について考えてみる。補助線を引くと何がよいのか。大きく2つある。

　1つめは，補助線を引くと，見えていなかったものが見えるようになるというよさがある。何が見えてくるのかというと，主に「既習の内容」が見えてくるということである。

　2つめは，補助線を引くことで，「図形のある部分を移動する」など，新たにしてみたくなることが子どもたちに生まれるということである。

　例えば，右のように半径10cmの3つの円がある。それぞれの円の中心は，円周上にあるというものである。

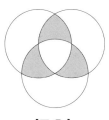

【図①】

そして「色のついている部分の円の面積の合計を求めよう」という問題を子どもたちに出

したと想像してみる。子どもたちの中には，何もすることができずに止まってしまう子どもがたくさん出てくることが予想できる。こ

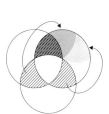

【図②】

のままの状態でも，図②のように移動すれば，問題解決に近づくが，なかなかこのような発想は出てこない。

　そこで，補助線を引いてみる。どこに補助線を引くのかによって見えてくるものは変わってくる。はじめのうちは，「とりあえず，補助線を引いてみよう」と動けばよいと思っているが，そのうち，「ここに引けば，あの形が見えるかもしれない」というように子どもたちが動き出すことが望ましい。

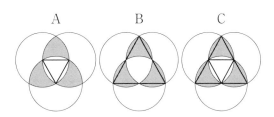

A　　　　　B　　　　　C

　AやBのように補助線を引けば，先ほど述べたように，子どもたちには既習の形が見えてくるだろう。この場合，正三角形が見えてくる。ただ，正三角形が見えてくるだけでは，問題の解決にはなかなかたどり着かない。しかし，AとBを組み合わせたCを見た子どもたちはどのようなことを言い出すだろうか。きっと，三日月のような部分に着目して，「移動したくなる」のではないだろうか。このように，補助線には内容が見える場合と方法を促す場合がある。

10より大きい数
数える？表す？

～数え上げる図，表現する図～

成城学園初等学校　菊地良幸

1 10とあといくつ？

　１年生にとって，10より大きい数は身近に
溢れている数である。10より大きい数を数え
上げることは，多くの子供にとってそれほど
困難さが伴う場面ではないかもしれない。
「10とあといくつあるのかな」という思いは，
学級の中でも共有しやすい。しかし，それを
どう表すかということになると，子供と教師
の思いに若干のズレが生まれる印象がある。
「数えましょう」という問いに対して，子供
は10を数え上げていく。

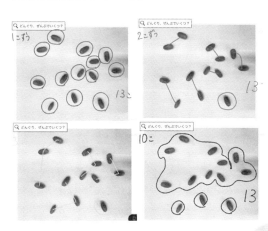

　ここでのこだわりは，10の構成の仕方とし
て表れる。数え方を共有する場面では，当然
「２ずつ」「３ずつ」のような図表現が中心と
なり，「10のまとまり」のような図表現は，
自然と表出することはなかなかないだろう。
教師は「10のまとまりを作って数える」こと
を念頭に置いているのに対して，子供は「10
を数える」という意識なのである。この「ま
とまり」という意識は，20，30，……と数が
大きくなるにつれて生まれやすいものになっ
ていく。

2 数当てゲームを通して

　子供が目の前の具体物を数えようとすると
き，数え上げたものを半具体物や図に表現す
ることに，それほど必要感は生まれない。数
字を用いて表現することができるのだから，
当然のことである。それを，半具体物や図を
用いて「10のまとまりといくつ」と表現する
ことのよさは，教師から伝えることなのかも
しれないが，子供の気づきからそのよさを共
有していきたいと考え，１つのゲームをたの
しむこととした。

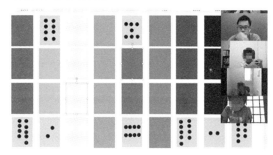

　ゲームの内容は，カードをめくると，１～
10までの数がドットで示されていて，そのペ
アを当てるという，神経衰弱のようなシンプ

ルな内容である。ドットの並びは，教師が作っているものである。5より大きい数の場合は，あえて五二進法の表し方をしていないカードも設定した。リモート授業でのゲームであるため，子供は十分な時間でカードを眺めることができなかったため，「今のは8？　9？」などの声が飛び交う場面もあった。

そのゲームに取り組んだ翌日，ゲームの感想を聞いてみると，その中には「カードを見る時間が短くて，書けなくなっちゃう」「多い数が数えづらかった」などの声があった。そんな困難さを共有した上で，ゲームで使用するカード（指定された11〜20までの数をドットで表現）を作成する活動を設定した。カードをかくときには，「みんながわかりづらい描き方をするの？　わかりやすい描き方をするの？」という質問もあったため，「見た人がわかりやすく描けるといいね」という声かけもすることができた。

3 子供が描いたカードの実際は？

「見た人がわかりやすく」という声かけができたため「10のかたまりの図が表出するか？」と淡い期待を抱いたのだが，簡単に教師の意図通りのカードが出来上がるわけではなかった。

（児童は，11〜20の数のうち，指定された

1つの数を，ドットで表現している。）

(1) 五二進法で表現（36名中16名）

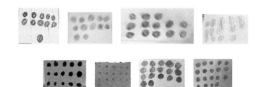

(2) 2つの数の和で表現（36名中5名）

検定教科書にあるような，10のまとまりのブロック図のような表現をする子供はいなく，「わかりやすさ」を五二進法で表現する子供が多く見られた。興味深いのは，2つの数の和で表現する子供である。14＝7＋7，15＝8＋7，のような数の加法的な構成にわかりやすさを感じているのであろう。1位数を「いくつといくつ」と表現する学習活動のように，10より大きい数においても同様な見方を共有していきたいものである。

4 「数を数える」から「数を表す」へ

1年生の学習において自然数を数え上げる場面は多く設定されているが，10より大きい数の後は，その数を図で表現する活動はあまり設定されない印象がある。シンプルな活動ではあるが，こういった場面においても図表現を通して育まれるのであろう。

さて，残されている課題は実際のゲームである。子供が表現したカードで遊んでみると，どのような気づきがあるのか，それとも全くこだわらないのか，活動を愉しんでいきたい。

図を使って考える
よさを実感させる
素地指導

品川区立御殿山小学校　内藤信義

1 図を使って考えるよさ

　図をかかなくても分かる子にとっては図は何のためにあるのだろうか。わからなくて図がかけない子には何をすればよいのだろうか。2年生にとって，図をどのように扱うと図を使って考えるよさを実感できる以下の3つについて実践してみた。

①図がレベルアップしていく

　数が大きくなっていった際にそれをテープで表すよさに気付き，図が場面に応じてレベルアップしていることを実感させたい。

②図を使って説明できた

　図を使うよさとして，図を指し示しながら説明できることを実感させたい。

③困った時に図を使ったらわかった

　「図に書いてみるとここがわからないからひき算」と，図を使って考えるよさが実感できるようにしたい。

2 図がレベルアップしていく

　2年生と2時間の授業をした。この学級は

テープ図について以前に一度学習していた。まずは簡単なたし算の場面を写真で提示した。場面を文ではなく図と式でノートに表現させたかった。

　はやぶさとこまちの連結部分の写真を見せて全部で何両？　と聞いた。電車が好きな子が「はやぶさが8両でこまちが7両」と言ったので，それを問題とした。図をかかずに式だけの子。電車の絵をかく子。○の図をかく子。テープ図をかく子がいた。

　ここではテープ図を使う子は少なかった。○を使った図を書いた子の多くは，図は「数がいくつなのか」を求めるための補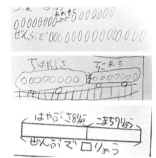助的なツールと考えていると思われる。ここではそれぞれの図を紹介だけした。

　そして次に26個入りのチョコレートと15個入りのチョコレートの写真を見せて，26＋15の場面を提示した。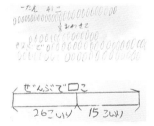

テープ図をかく子は増えたが，それでも○の図を懸命にかいている子もいた。ここで2つの図について取り上げ「どうしてこの図をかいたの？」と問いかけた。○の図については，「○図は何こあるかわかるから」「○図だと数が数えやすい」というよさがでた。テープ図に対しては，「数が多くなったから○を書く

のが大変」「テープ図だと数をここにかければいいから，数がどんなに大きくなってもかける」というよさが出てきた。テープ図は○の図を数が大きくなってもかけるようにレベルアップした図だということを確認した。

③ 図を使って説明できた

次の時間は「たべちゃった」といって13個のチョコレートを示すところから始めた。すぐに「ひき算だ」との声が上がる。ここで，「今日は数が大きくなっても使えそうなテープ図でかけるかな」と言って問題の文を書いた。テープ図をかくことができたところで，「このテープ図を使ってひき算の式の説明ができるかな」と問うと，ひき算であることは明らかだが，どのように説明してよいか自信がないようだった。そこで，問題文と図を関連させる問いかけをした。「初めにあった41個はこの図のどこにある？」「じゃあたべちゃった13個は……」ここまでくると手も挙がり，自分たちで説明でき

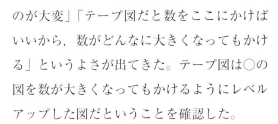

た。そして改めて「式も同じように図とつなげられるかな」と問いかけた。すると「ここ（41）がここ（41こ）でここ（13）がここ（13こたべた）でここからここをひくとこののこりがでる。」と指さしながら説明できた。この説明の仕方を大いにほめ，図を指し示しているからこそ，「ここ」という言葉でも伝わるというよさを確認し，他の数人にも説明させた。「ここ」という指示語ばかりの説明だが，図があることでそのような簡易的な説明ができ

るということも図で考えるよさだと言える。せっかく図に表したのだから，正しい言葉で説明することにこだわるより，多くの子が説明できる方を大切にしたい。

④ 困ったときに使ったらわかった

そして，「28個になったチョコレートを全部で35個にしたい，あと何個たせばいいですか」と問題文を黒板に書いて，「全部だし，『たせばいいですか』と書いてあるからたし算だね」と聞いた。するとひき算だという声が多く上がった。そこで，「テープ図に書いて，本当にひき算か確かめてみよう」というめあてとした。ここまでで，テープ図をかいてみることと，テープ図で式を説明することは全体の目的となっていた。あとはそれを使って問題にあう式と説明ができるかどうかである。

「ここ（28こ）にあと□こをたしてここになればいいから，この□はここ（35こ）からここ（28こ）をひけばいい」と説明する子がいて，それを参考に他の子も説明することができた。さらに28+☐7☐＝35とかいている子もいたので，それを取り上げて，この式も図を使って説明できることを確認した。

⑥ 図を使って考える子

図をかかなくても分かる子にとっては図は何のためにあるのだろうか。分からなくて図がかけない子には何をすればよいのだろうか。前者には，簡潔に説明するツールとして紹介したい。後者には図を使った説明をまねしてみる機会を通して自信をもたせたい。その入り口として2年生での図の指導が大切だと実感した。

操作の過程がわかる
動的な図

―― 子どもと共に洗練させていく ――

東京学芸大学附属小金井小学校　尾形祐樹

0 子どもの操作の過程が知りたいのに……

ブロックを使って，操作をさせた後，子どもの様子を見に行くと操作をした後の結果だけが残っている。どうやってブロックを動かしたかが見とれない。

「図に表現させれば，見とれるか」と考え，子どものノートを見る。またしても結果だけが図に残っている。

操作や思考の過程が残るように図に表現できないだろうか。本稿で考えてみたい。

1 操作の過程がわかる図を洗練させていく

わり算の等分除の場面で，「公平に分けたい」という子どもの思いを引き出した後，6このどら焼きを3人で同じ数ずつ分ける。

ブロックや○の図で表すと図1のようになる。

図1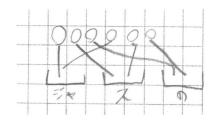

図1は，等分された結果だが，1つずつトランプを配るように分けたのか（等分除），2つずつまとまりで分けたのか（包含除）わからない。

どのように分けたのかわかるように表せないかと問うと，図2のように表現する子がいた。

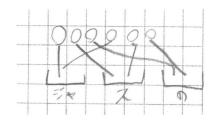
図2

図2は，1つずつどら焼きを等分していこうとする様子がわかる。6つのどら焼きを等分するということに関しては，操作の過程がわかるのでこれでもよい。しかし，どら焼きの数を増やしたらどうなるだろう。線は複数に交差し，わかりにくくなってしまう。

そこで，「数で表現する」という1年生から学んでいる自然な表現方法を引き出したい。どら焼きに番号をつけることで，分ける順番が表現できる。図3が，番号で表現した分け方である。

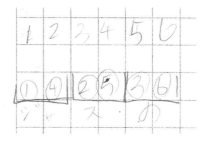
図3

図3の方法であれば，等分除と包含除の操作の過程も簡潔に表現できる。

2 洗練した図を活用する場を作る

等分除と包含除を指導した後，次のような場面を提示した。

> どら焼きが6個あります。2人に同じ数ずつ分けると1人何個もらえますか。

6÷2＝3を確認した後，かけ算の表現を問うた。「2×□＝6？□×2＝6？」子どもに問いが生まれた。

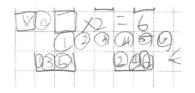

図4

図4は，□×2＝6の方が場面にあっていることを図3の表現を生かして説明している。文章を使った説明はないが，とても簡潔・明瞭・的確に表現できている。

校内研究や研究授業で算数の授業を見せていいただく際，式や図で短く表現できる理由について，文章による表現で何行にもわたって書かせていることがある。説明できること自体悪いことではないが，式や図で簡潔・明瞭・的確に表現できることは，算数科のよさである。逆に，国語科や社会科，総合的な学習の時間等で図を使って説明する際にもその目的にあった活用方法が必要である。

3 他学年の関連を考える

図3の表現方法は，必ず指導しなければならない指導事項ではない。番号をつけて，その番号を適切な場所に置くというとてもシンプルな方法だ。この方法と似た方法を，6年生のドットプロットで使うことがある。

例えば，クラスで長縄の1分間の記録を取り，以下のようになったとする。

1日目55回	2日目55回	3日目56回
4日目57回	5日目58回	

図5のように●印で表現することが，いわゆるゆるドットプロットであるが，図6のように記録をとった順番に番号を入れても表現できる。番号をつけることで，静的なドットプロットから，少しずつ長縄を飛ぶ回数が増えているという動的なドットプロットの図になる。また，記録をしていく過程でも番号がついているので，間違えても気付きやすい。

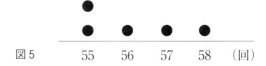

図5　　55　　56　　57　　58　（回）

```
        ②
        ①      ③      ④      ⑤
図6     55      56      57      58    （回）
```

今回本稿で紹介した事例は，子どもの素朴な考えを洗練しながら操作の過程が簡潔にわかるような図にしていくものである。

時として，算数・数学で一般的に使われている洗練した図をはじめから教えることもある。その際にも，大切なことは，ただ手順や形式のみを示すのではなく，その意味や図のよさを十分に理解させる必要がある。

改めて，子どもの素朴な表現から洗練させていくという視点にたって，各学年の図の指導を考えた時，前の学年までの素朴な表現が活かせないか再考してみたい。

目的に応じて，表やグラフを作り変える

東京学芸大学附属竹早小学校　沖野谷英貞

1 問題意識

　統計の学習において，データを分析するために表やグラフを活用することはよくある。しかし，自分の主張を他者に分かりやすく伝えるために，一度作成した表やグラフを吟味したり，新たに作り変えたりすることはほとんどない。筆者は，ここに問題意識がある。

　データを分析する手段としての表やグラフと，他者に自分の主張を分かりやすく伝える手段としての表やグラフとでは，目的が異なる。前者はデータを分析して結論を導き出すことであり，後者は得られた結論を他者に分かりやすく伝えることである。

　本稿では，第4学年「折れ線グラフ」の実践を例に，子どもたちがデータを分析するために活用した表やグラフを，得られた結論を他者に分かりやすく伝えるために，よりよいものに洗練していく思考過程について記述する。

2 題材・問題場面について

　環境学習の一環として，「気候変動」を題材に統計の学習に取り組む活動を設定した。問題は「気候変動は，本当に進んでいると言い切れるか？」である。

　本題材は，問題解決が不可能な場面であり，正解が一意に定まらない。したがって，一人ひとりが自分なりの納得解を導き出すことがゴールとなる。一人ひとりの結論が異なる問題場面だからこそ，他者を説得する必然が生まれると考えた。

3 授業の実際

　問題を投げかけた後，子どもたちと気候変動の進行状況を判断するためには，どのようなデータが必要かを話し合った。

データ①「1920年から2020年までの気温」
データ②「2015年から2021年（5月まで）の気温」
データ③「100年間の猛暑日の回数」
データ④「1年間の平均気温」

　子どもたちは，4種類のデータを取捨選択し，表，棒グラフ，折れ線グラフにデータを表現して分析していった。その後，気候変動の進行状況を話し合う活動に向けて，一人ひとりがA3用紙にプレゼン資料を作る時間を設定した。子どもたちは，自分の主張を他者に分かりやすく伝えるために，表やグラフを修正したりかき直したりしていた。

　子どもたちにどのような変容があったのかを分析すると，以下の通りであった。

◎作り変える（18人）
　①必要な情報だけを取り出すため（11人）
　②めもりの幅を変えるため（3人）
　③グラフを組み合わせたいため（2人）
　④一部を目立たせたいため（1人）
　⑤データの種類を変えて作り直す
◎作り変えない（15人）
　・もうこのままで十分だと思うから（5人）
　・作り変えたいけど，大変だから（10人）

表やグラフを作り変えた子は18人であり, 学級の約半数である。以下に, 子どもの思考の変容を記述する。

①必要な情報だけを取り出す

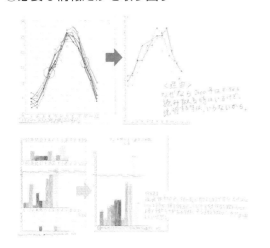

②めもりの幅を変える

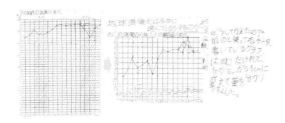

③グラフを組み合わせる

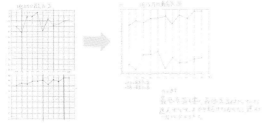

④一部を目立たせる

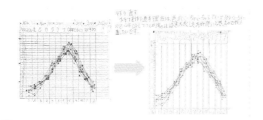

⑤データの種類を変える

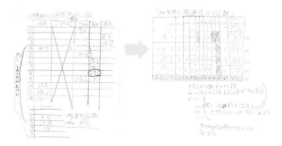

一方, 作り変えない子は15人いた。そのうち5人は作り変える必要がないと判断し, 10人は作り変えたい気持ちはあったが, 手書きで書き直すのが大変だったと答えている。

4 今後に向けて

本稿では, 分析手段から表現手段としての表やグラフに更新する思考過程を記述した。本実践を通して, 自分の主張を他者に分かりやすく伝えるために, データの表現方法について工夫をする姿が引き出すことができた。例えば, ある子はデータを表, 棒グラフ, 折れ線グラフに表し, 自分が主張したいことが1番伝わる表現方法を試行錯誤して探していた。

しかし, 本実践では, 教師から子どもたちに表やグラフを作り直す機会を与えている。本来であれば, 子どもたちが自ら表やグラフを見直し, よりよいものに洗練させていく学習展開にしたい。そのためには, 子どもが他者を説得したいという原動力が必要だと考える。今後も, 統計的な問題解決を支える教材を検討していくことが筆者の課題である。

比例数直線を駆使して表現する子どもを目指す

熊本大学教育学部附属小学校　大林将呉

1 比例数直線について

　割合や小数の計算などの学習を行う際，よく用いられる図として2本の数直線を使った図（以降比例数直線）がある。これは，2量の間に比例関係が認められる場合にその関係性を明瞭・的確に表すことができる。したがって，この図で表せば，その関係性を説明したり，式で表現したりする際，非常に便利である。しかし，実際に授業を行うと，そもそもこの比例数直線に表すことができずに困っている子どもの姿をよく見かける。これは，比例数直線の構造や，比例数直線で表すよさが子どもに理解されていないことが原因と考えられる。そこで，次の3点を授業づくりの視点とすることで，子どもたちが比例数直線を駆使して学習を進めていく姿を目指す。

①表や関係図とのつながりを見いださせる

②比例数直線で表すよさを感じさせる

③子どもにとって表しやすい図を基にする

2 比例の授業における取り扱い

　まずは，第5学年「簡単な場合の比例」の学習で比例数直線を用いた。一般的には，比例の学習では表を使って伴って変わる2つの数量を表すため，子どもたちから数直線で表すという発想は生まれにくい。そのため，数直線でも表してみるように教師が指示した。

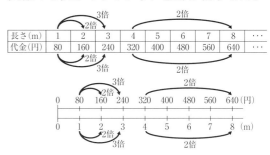

長さ(m)	1	2	3	4	5	6	7	8	⋯
代金(円)	80	160	240	320	400	480	560	640	⋯

　このとき，表と数直線の数値をそろえて提示することで，表での表現と図での表現の共通性を意識させた。

3 小数のかけ算・わり算での取り扱い

　第5学年「小数のわり算」の学習の際，次の条件を使って問題を作らせた。

赤いリボン：2.5mで300円
青いリボン：0.8mで240円

　すると，次のような問題を作った子どもがいたので，その問題を取り上げて解決することとした。

　赤いリボンが100mのとき，代金はいくらですか。

　子どもたちは，次のような図や表を用いながら式を立てていった。

（きょうへい）

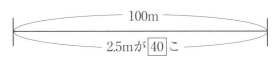

発表者ではない子どもにこの図がどんなことを表しているのかを尋ねると，次のような説明が発表された。

ゆ　う：2.5 m をいくつ置くと100 m になるか

た　け：100 m の中に2.5 m が何個あるか

しょう：100 m は2.5 m の何倍か

この図をもとに，立式し，答えを求めることはできたが「他にも図や表で表すことができた」という発言から，他の図や表を発表させていった。

（しょう）

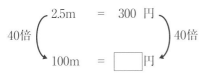

（ゆうと）

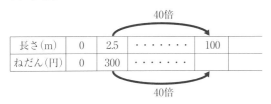

（りんか）

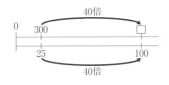

比例数直線が発表された際，子どもから「りんかさんの図とゆうとくんの表はつながってる」という発言があった。その発言を基に，改めて図や表を見直させると，「2本数直線は表と同じ事を表していて，表より簡単に書くことができる」という気づきが出された。

この授業の振り返りには「表で書いていたけど，2本の数直線を使っていきたい」「関係図と比例数直線は同じように使うことができることが分かった」といったものがあった。

4 まとめ

第5学年「割合」の学習では，2本数直線が出た際「りんかさんの図だ！」と言って積極的に活用する子どもたちの姿が見られた。

このような姿が見られた要因は，表を基に比例数直線の構造理解が為されたこと，表と対比することで比例数直線が表よりも簡便であることが実感されたことが挙げられる。

また，上記の理解が得られたのは，子どもたちが比例関係を表すための図や表を教師が強制せず，自分が自信をもって表すことができる図や表を基にイメージすることを前提とし，それらと比例数直線をつなげて考えさせていったことも重要であったと考える。

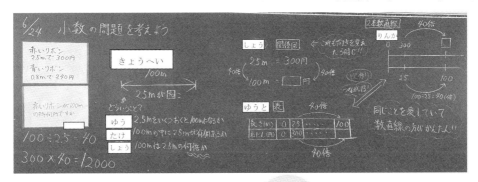

図 を活用する
6年生の授業づくり

図を身近なものにし，その良さを実感する授業づくり

聖心女子学院初等科　**松瀬　仁**

1 くり返し使うことで図に親しむ

　授業の中で，図をかいて考えたり，図を使って説明したりする場面は多くあるのになかなか子ども自身が自ら図を使うようになっていない。自らの指導を振り返ってその原因を考えてみると，みんなで考えたり説明したりする場面では図を使うものの，問題演習やテストになると子どもが聞かれるのは『式』と『答え』で，式が書けて答えが出せれば良いという意識にさせてしまっていたのでは，ということが見えてきた。そこで，自力解決の場面でもいきなり答えを求めるのではなく，まず図に表すようにしたり，テストでも図をかいて説明する問題を出題したりするなど，図に対する意識改革を行うようにした。子どもにとって図が身近なものになると，これまで算数が苦手だった子も，まず図に表してみようとする姿が見られるようになってきた。

2 演算決定としての比例数直線

　高学年になり小数や分数が出てくると演算決定の場面でつまずいてしまう子どもが多い。これまでは，「かけ算の単元を学習しているから」，「大きい数÷小さい数になるから」などと，なんとなく演算を決めても正答にたどりつけていたのが，そうはいかなくなってくるからである。そこで，演算決定の根拠として比例数直線が使えるようにしていきたい。

> □ dL のペンキで板を $\frac{8}{9}$ ㎡ぬれました。
> このペンキ 1 dL では板を何㎡ぬれますか。

　『分数のわり算』の導入場面である。次のようなやり取りで授業が進んでいく。

C：□が必要だよ。

T：では，□＝2だったらどうなるのかな。

C：簡単。$\frac{8}{9} \div 2$。今日はわり算だ。

T：じゃあ，□＝0.5だったらどうかな。

C：□が1より小さかったらわり算にならない。

　5年生での既習であるが，□を小数の場面にしたところ，子どもからわり算にはならないのではないかという疑問が出てきた。『$\frac{8}{9} \times 0.5$』と『$\frac{8}{9} \div 0.5$』という2つの式が出された。そこで，問題の場面を図に表して考えてみる。比例数直線に表してみることで，

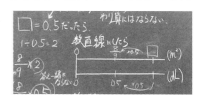

1 dL でぬれる面積を□㎡としたとき，□× $0.5 = \frac{8}{9}$ になることから□＝$\frac{8}{9} \div 0.5$ になることが説明できた。さらに，0.5の2倍が1であることから，$\frac{8}{9} \times 2$ でも求められることも見つけていった。その後，□＝$\frac{2}{3}$ を入れて考える。同様に比例数直線や□を使った式を利

用していくことで，÷分数になる場面について考えていった。

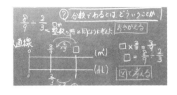

演算を決める手段として「言葉の式にする」「簡単な数におきかえる」の他に「図で考える」ということを再確認した。

3 自分なりの図で考えてみる

図が苦手でかけない子どもの中には，教科書通りの図でないといけないと，難しく考えすぎていることがある。授業の中で，1つの図だけを提示していることも，その図でないといけないという考えにしてしまっていると反省した。子どもたちの多様な考えとともに図もいろいろな図を認めていくことが大切である。次の授業は『比の利用』の場面である。

> ケーキを作るのに，小麦粉と砂糖の重さの比を7：5になるようにまぜます。小麦粉を140g使うと砂糖は何g必要ですか。

一般的にこの場面では，次のような1本の線分図で考えることが多い。

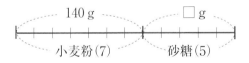

この図の場合，今回の部分同士の比を扱う問題だけでなく，全体の比を扱う問題でも使いやすいという良さがある。しかし，子どもが考えた図は，次のような線分図や比例数直線である。

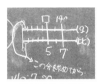

〔線分図〕　　〔比例数直線〕

子どもが考えた図を広く取り上げ，価値づけていくことで，図に対するハードルが下がり，図を使って考える子どもへとつながっていく。

4 図を使う良さを実感する

最後は，『並べ方』の授業の場面である。

> 1，2，3の数字を並びかえてパスワードを作ります。何通りありますか。

数字が3つなので，子どもは実際に書き出すことで6通りあることを簡単に見つける。

次に数字を4まで増やして4桁の場合を考える。闇雲に書き出すには数が多い。表のように整理して24通りありそうなことが見えてきたが自信がない。式で$1 \times 2 \times 3 \times 4 = 24$なので合っているのではないかという意見も出た。しかし，なぜこの式になるのかがわからない。その時，千の位を決めて考えると百の位が3通り，十の位が2通り，一の位が1通りと6通りできるので，千の位の4通りをかけて$6 \times 4 = 24$と樹形図に整理する考えが出てきた。

樹形図で位に着目したことで，さっきの式も4×3×2×1の順なら説明ができると，式と図をつなげて考え，分からなかった

式の意味を見出すことにつながっていった。

第5回 算数GGゼミ

2021.06.27(Sun.)

講　師：森本隆史（本稿文責），青山尚司

　第5回「算数授業を子どもと創る～授業を変える言葉とかかわり方～」というテーマで，森本，青山が担当しました。

　誕生日が同じ2人が，自分たちの失敗談も交えて対話しながら，それぞれが提案したことについて深めていきました。ご参加，ありがとうございました。

第1部「子どもの意識が変わるとき～それって偶然？　必然？」青山尚司・森本隆史

　授業中に子どもたちの意識が変化して，みんなで考えるべき問いが生まれたり，見方や考え方の価値を共有したりすることができるすてきな場面に出会えることがあります。このようなとき，教師は，どのような言葉かけやかかわり方をすればよいのかについて，青山，森本の2人で話し合いました。

　偶然に頼って失敗したこともあれば，無意識ですがうまくいったこともありました。このような経験を経て，こんなときは"こう問うべき"と確信できるようなになったことも紹介しました。

第2部「教え込み授業からの脱却～教材と展開を変える～」森本隆史・青山尚司

　3年「2けたのかけ算」の問題を，子どもたちにどのようにしていくのか提案しました。

同じ教材でも，教師がどのように問題提示するのか，問題を与えたときにどのように子どもたちに言うのかによって，授業の流れが大きく変わっていくことについて，森本，青山の2人で話し合いました。授業をしているときに，わたしたちが発している言葉は，いったいどの子どもに向けた言葉になっているのかについても考えていきました。

■ ［青山の講座について］

　児童の考えには，必然性と偶然性があることが分かりました。必然的なことがあるから偶然的なことが起きる。偶然から考え必然につなげるなど面白かったです。自分の授業の偶然と必然はどこか考えたいと思いました。必然のために教材や発問を意識しないと必然にはならないことも感じました。本日学んだことを活かして明日からの授業に取り組んでいきたいと思いました。本日はありがとうございました。

（東京都・鈴木一矢先生）

■ ［森本の講座について］

　協同的な学びの中で，教師が何を話題にするのかが大事だと思います。同じ授業内容でも，タイミングや問い返しによって学びの質が変化する。1回勝負の授業の中で，その感覚を研ぎ澄ませて行うには，日頃から教師の言語活動を意識することが大事だと思いました。

（福島県・渡部一嵩先生）

講　師：盛山隆雄，田中英海（本稿文責）

　第6回「深い学びをつくる—子どものハテナ？ をナルホド！ に変える方法」というテーマで，盛山，田中が担当しました。オール筑波サマーフェスティバルの次の週で連続でしたが，多くの先生方に参加いただきました。ありがとうございました。

第1部 「ハテナ？ の広げ方，ナルホド！ の深め方」田中英海

　問いを解決するために働かせた数学的な見方・考え方を，次の問いでも繰り返し働かせられるような教材，意見の取り上げ方，価値づけ方について4年生の「わり算」，「資料の整理」の事例を紹介しました。子どもの質問が生まれる過程のモデルに対して，つまずきがあるのではないかという仮説のもと，4つの様相と発問を整理しました。

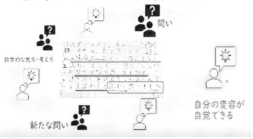

第2部 「ハテナ？ をナルホド！ に変える発問や手立て」盛山隆雄

　5年「面積」の導入場面の教育実習生の授業ビデオを紹介しました。長方形を斜めに傾けて平行四辺形にしたとき，

変わるものと変わらないものを考える問題。面積は変わらないという子どもたちのミスコンセプションの事例と3年の計算のきまりの事例をもとに，教師がどんな手立てを打てるのかを，参会者の皆さんと考えました。

■ ［田中の講座について］

　児童が問題の課題を見出し，児童同士で見方考え方を共有しながら，学習を進めていたのが印象的でした。一見難しい問題のように見えましたが，見方がわかってくると少しずつ理解が深まっていきました。問題理解までのプロセスについて考えることを今後の授業作りに活かしていきたいです。

（宮城県・20代）

■ ［盛山の講座について］

　盛山先生が実践された通り，日常の場面にもどす！ 具体的な場面を取り上げる！ ということは，今後とても大切になってくるので，そういった仕掛けや発問などしていきたいと感じました！ また，学調も今回解きましたが，最初の問題から日常場面の設定だったので，今後授業するにあたり，そういった場面設定づくりをしていきたいと感じました！ ありがとうございました。

（福島県・角田智美先生）

算数サマーフェスティバル オンライン 実施報告

日　時：2021年7月10日（土）

テーマ：学習指導要領のキーワードをこう捉える！

本稿文責：大野　桂

　恒例の，筑波大学附属小学校講堂でライブで行う算数授業研究会。昨年度は新型コロナウイルスの蔓延にともない中止。しかし，「コロナで学びを止めてはならない」という思いのもと，2021年7月，オンラインで実施するに至った。しかも，7時間耐久授業研究会。運営面と実施内容に，参会者のニーズに応えられているかという不安もあったが，参会者の先生方の熱い思いに支えられ，無事に会を終えることができた。本当に感謝である。

　参会者の声を多数いただいたので，その一部を紹介させていただき，授業研究会の報告とさせていただく。

■算数サマーフェスティバル会に参加して

▶7時間という超耐久戦。「筑波の先生方らしい」という思いと，「どうなるのだろう？」という思いをもちながら参加決定！　終わってみれば，7時間もあっという間に過ぎていった。筑波の先生方，厳しくもアットホームな雰囲気はやっぱり最高！　ゲストとして参加された細水先生もとてもお元気そう。さらに筑波大学の清水先生もゲストで参加され，とても楽しく，充実した研修会だった。

　私が筑波の研修会に参加する目的は，「今，自分が行っている授業，そして子どもたちとの関わり方，目指すべき方向は本当に正しいのだろうか？」ということをチェックしたり，確認したりすることが1番大きい。研修会で学んだ大事だなあと思うことを実践しているつもりでも忘れていること，忘れかけていることがあり，「やっぱり，それって大事だよなあ」と思い出させてくれることがとても大きい。今回は，1年半ぶりということもあり，特にチェック・確認をすることができた。

■対話型講演「見方・考え方」

［講師：中田，大野］

▶見方・考え方を拡げていくために，長期的な視点で単元構成をしていくことの大切さを改めて感じました。系統性の強い算数なので，既習と未習をつなぐために深い教材研究をしていかなければならないなと思いました。

▶素直な見え方・困り具合から出発して，全体で課題を焦点化し，問題解決を行っていく過程で，見方・考え方を育てていく」という授業は，子どもたちが作り上げていく授業の基本だと感じました。自らの授業でももう一度意識して実践していきたいです。

■ビデオ公開授業　3年「計算の性質」

［授業者：盛山］

▶この計算の性質の学習は，もっともっと生活場面と関連付けて進めていくと子どもたちはイメージをもって理解できると感じます。

協議会の中で言われていた，「普通（生活場面）に考えたら当たり前なのに，数になったとたんにわからなくなる。」という言葉は本当にその通りだと思います。計算の性質を使って子どもたちが簡単に答えが出せることを知ると，もっともっと算数のイメージも変わり，算数はおもしろいと思う児童も増えてくると感じています。

■対話型講演「主体性，めあてとまとめ」
[講師：青山，田中]

▶よく板書に見られる「計算の仕方を考えよう」という漠然としためあては本当に子どものためになっているのかとずっと思っています。単なる形だけで誰のためにもなっていないと考えています。せめてこの授業で働かせたい，獲得したい見方や考え方で授業が進むような言葉を一言加えてめあてを作るだけでも子どもの意識や授業に向かう姿勢も変わってくると思います。とても興味深く見させていただきました。

▶どういうときに問いが生まれるかということを児童の思考プロセスの立場から見直すと，新しい世界が見えてくると感じました。また，シンプルな問いが学習を進めていく中で，めあてが変わっていき，新たな問題が生まれていく際にこんなにも効いてくるのことに驚きました。

■ビデオ公開授業　5年「速さ」
[授業者：夏坂]

▶「速さ」というと「どちらが速いのか。」を問題にしていましたが，大切なのは，速さをどれだけ単位量当たりの大きさでイメージすることができるのかということに気づかされました。数直線を使い，子どもたちの理解を深めている姿が素晴らしく，実践してみたいと思います。

▶あらためて「速さ」は深いなあと感じました。これまで「速さ」の授業も行ってきましたが，子どもたちのもつ「速い」とか「速さ」のイメージと私のもつ教師としての「速さ」のイメージ（算数での「速さ」のイメージ）が実は大きく違っていたのかもしれないと感じました。算数の授業で，子どものもつ「速さ」のイメージを算数の「速さ」に変えていく作業について考えていかなければいけないと感じました。

■対話型講演「振り返り」
[講師：盛山，森本]

▶教師の問い返しによって子供たちは常に振り返りを行なっているのだということを初めて知りました。どういう問い返しをするのか，よく考えられた高めることができるのだなと感じました。

▶振り返りは授業の終末場面だけでなく，どの場面でも振り返る場面は存在し，教師が子供の思いや考えを聞いて，適切に設定していくこと大切さを学びました。

　問い返しは私自身も大切にしていることですが，問い返す意味についてもっと自分自身の考えやねらいを明確にして授業実践を重ねていきたいと思いました。

　他にもたくさんの声をいただきました。先生方の声を生かし，さらにいい会を作っていきたいと思います。ありがとうございました。

数学的活動　活動を促進するポイント

青山　尚司

1 「数学的活動」とは

学習指導要領解説算数編 p.23には，「数学的活動」について以下の記述がある。

> 　数学的活動とは，事象を数理的に捉え，算数の問題を見いだし，問題を自立的，協働的に解決する過程を遂行することである。数学的活動においては，単に問題を解決することのみならず，問題解決の結果や過程を振り返って，得られた結果を捉え直したり，新たな問題を見いだしたりして，統合的・発展的に考察を進めていくことが大切である。この活動の様々な局面で，数学的な見方・考え方が働き，その過程を通して数学的に考える資質・能力の育成を図ることができる。

この文面から数学的活動を活性化させるにはその活動の目的が児童自身のものであることが不可欠であることがわかる。以下，第4学年「角」の学習で，三角定規の角を組み合わせてできる角の大きさを考える場面を例に，児童が数学的な見方・考え方を働かせながら，数学的活動を遂行していった実践を紹介する。

2 きまりへの着目から課題を創出

赤と青の色画用紙で作った三角定規の形のセットが児童の手元にある状態で授業を始めた。まず三角定規の角の大きさを実測して確かめた（図1）。ここで「15°ずつ」という呟

きがあり，どういうことかを問い返すと，

図1

「小さい順に並べてみると分かる」という反応があった。「30°，45°，60°，90°」と順に板書すると，「あそこ（60°と90°の間）だけ30°増えています」という発言があった。ここで，「じゃあどうなっていれば良いかな？」と問い，「ここに75°があれば良い」という発言を引き出した。すぐに別の児童が「75°できるよ」と反応し，赤と青を

図2

くっつけて「30＋45で75°」と説明をした（図2）。すると，「だったらその先も……」と反応が続き，90°より大きい角度も同じように15°ずつ増やして作ることができそうであるという推測を共有した。そして，それらを実際に作っていくことを本時の課題とした。

3 操作と式を行き来しながらの説明

児童は赤と青の組み合わせ方を工夫し，試行錯誤を重ねた。そして105°から150°までの角度について，実物の操作と式で説明していった（図3）。135°については，「180－45」という減法の式が出され，その式の意味を話

し合うと（図4），「そっち側（外側）でもいいんだ」，「だったら他にもできる」という反応が見られた。そして，「45−30」という式で，30°よりも小さい15°を作る方法が出された（図5）。また，「赤と青の角がみんな15の倍数だから，差が15°ずつなんだと思う」という，きまりの根拠を見つけようとする発言も引き出された。

図3

図4

図5

4 困難との出会いとそれを乗り越える姿

活動を遂行していく中で児童はある困難に出会った。図6のように165°を見付けたのだが，「なんでか説明できない」，「今までみたいに式にできない」というのである。この日の授業はできた角度が165°で間違いないかを実測して確かめたところで終えた。

図6

翌日，できた角度が165°になる理由を話し合った。三角形の内角の和や外角の定理といった未習の内容を使って説明をしようとする児童もいたため，「4年生みんなが分かる方法で説明できるかな？」と問いかけた。するとある児童が，「じゃあさ」と，板書の図を底面と平行な直線で切っていき，青の30°と赤の45°は，位置を上に移動させても大きさが変わらないことを説明した（図7）。これ

に対して，「すごい」，「面白い」，「エレベーターみたい」，「エスカレーターでしょ」という反応が聞こえた。図7をもとに，赤の45°と青の30°をそれぞれの斜辺が交わっているところまで移動させたとき，交点にできる赤がはみ出した分の角度

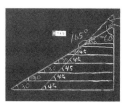
図7

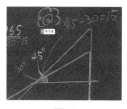
図8

が15°になることを共有した（図8）。そして，続きがどうなるのかをペアで話し合い，できた15°を青の斜辺にある180°から引くと165°となることを全員が納得した。

5 数学的活動の促進のために

本実践の数学的活動を促進したポイントは3つある。1つは変化への着目である。導入場面での「15°ずつ」という気付きが，作るべき角度を児童自身が決め，実際に作り，説明する活動につながったといえる。2つ目は操作の式化である。導入場面で75°を見い出した際に「30＋45」という式に表したことで角の加法性を意識付け，角度の構成理由を式化して説明する活動につながったと考える。3つ目は困難との出会いである。165°を作ることができてもその理由を説明することができない壁が，平行線を用いて角度を移動して解決する姿を引き出したといえる。

また，操作や説明に用いる教具を共通のものとするため，赤と青の三角定規の形を配布したことも有効な手立てであったと考える。

見て、見て！ My 板書

つながり，考え，返る板書

~「記念写真」のような板書を目指して~

明星学苑　明星小学校

岩崎佑亮

1 つながる板書

写真は，6年生「分数のかけ算」の第2時の板書で，分数×分数の計算の仕方と意味を考える場面だ。この授業は前時の終わりに生まれた疑問から始まった。前時に扱ったのは，「$\frac{3}{4} \times \frac{\square}{\square}$ の式にどんな数を入れたら考えやすいか」という問題。そこで上がったのは，$\frac{4}{4}$ と $\frac{1}{2}$。子ども達は既習の計算方法を活用して

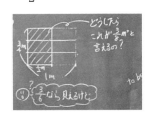

答えを導き出していった。ところが，それぞれを長さとして捉え，面積図で考えた子が「図にすると $\frac{3}{4} \times \frac{1}{2}$ が $\frac{3}{8}$ に見えない。$\frac{3}{6}$ なら見えるけど……」という発言をした。この疑問を解決する所から本時の授業が始まったのである。子どもから生まれる疑問や，「次はこんなことをしてみたい！」という発言が「つながる板書」を作り出している。

2 考える板書

「1㎡を基準にして考えると8つあるうち

の3つ分になっているよ。」という発言をきっかけに図から $\frac{3}{4} \times \frac{1}{2} = \frac{3}{8}$ を見出していった。そこで「さらに少しレベルアップするならどんな数にする？」と問うと，「$\frac{3}{4} \times \frac{2}{3}$」という式にたどり着いた。計算してみると答えは $\frac{1}{2}$。すると，「その計算合っているの？　図だと $\frac{1}{2}$ ㎡に見えないよ！」という発言が出たので，みんなで図で考えることにした。右のような図をかき，全員に $\frac{1}{2}$ ㎡に見えるかと問うと。見えたのはたった3

人。「どう見ても半分には見えないよ！」という発言も出てきた。見えた3人が図にかき加えたり，ジェスチャーをしたりして，気づく子が増え，ついに最後の一人が「6と6で半分だ」と言い，納得することもできた。この間私は，後ろで見ていただけで，ほぼ子ども達だけで図を改良し，納得のいくまで話し合っていた。まさに板書が「考える場」になった瞬間だった。

3 返る板書

終盤の「5行コメント」を書く時間では，板書を見ながら，自分に衝撃や発見を与えてくれた瞬間をそれぞれの言葉でノートに残す。

私は，子ども達が共に試行錯誤した瞬間を残せる「記念写真」のような板書をこれからも目指していきたい。

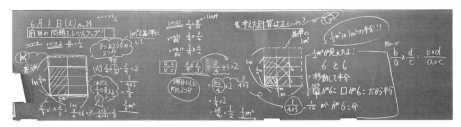

ノートのかわりになる?

暁星小学校　山本大貴

1 タブレットのよさ

　本校では，今年度より3年生以上にiPad
を一人一台ずつ配付した。そして，授業支援
アプリとして「MetaMoji Classroom」とい
うソフトを使用している。このアプリの最大
のよさは，子どもたちの活動をリアルタイム
に見ることができることである。これまでの
授業では，問題を与え，自力解決の時間をと
り，ノートに考え方を記入してもらっていた。
その後，机間指導をしながら，考え方を汲み
取り，発表をしてもらう人や順番を決めたり，
支援が必要な子にはヒントを与えたりしてき
た。しかし，こうしたタブレットやアプリを
活用することで，児童の考え方が手元ですぐ
に分かるようになるため，指導がしやすいメ
リットがある。

　上記の写真は，3桁×1桁の練習として，
1〜4の数字カードを使って，答えが最大に
なるものと，最小になるものを見つけたとき
の授業である。答えを確認した後，ある子か
ら「同じ数字を使ったら，もっと大きくも小
さくもできるよ」という意見があった。もし，

実際のカードを使っていたら，手元に1枚ず
つしかなければ，一人ひとり操作して確かめ
ることは難しい。しかし，タブレットを活用
することで，同じカードを簡単に複製できる
ため，こうした意見にも対応しやすくなった。
　その他にも，授業後のふりかえりを，この
アプリを活用して行ってきた。授業終了5〜
10分前に本日の板書を写真に撮り，子どもた
ち一人ひとりのタブレットに配付する。その
板書を見て，「この部分は，以前のあの考え
方に似ている」や「この考え方は，他の場面
でも使えそう」などのスタンプを指し示しな
がら，ふりかえりを書いてもらってきた。ノ
ートに漠然と書くよりは，授業をイメージし
て書くことができていた。また，毎回ノート
を集める手間もかからない。

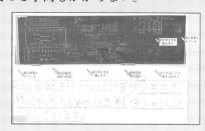

2 お互いの良さを用いて

　しかし，タブレットにも課題はある。それ
は，ノートに比べて，後日見返すことが不便
である。ノートであれば，前の学習が使えな
いかをパラパラとめくりやすいが，タブレッ
トでは，そのページがどこにあるのかを探す
ことが手間である。そのため，タブレットで
前の学習を見返すことは，ほとんどしていな
かった。だからこそ，ノートをとることも大
切である。お互いの良さを使い分けて，授業
を行うことが今後も大切ではないか。

若手教師奮闘記

追究し続ける授業観
「想定通りの授業」を振り返って

＊　　東京都国立市立国立第六小学校　成川雅昭

1 「ショーのような授業」はよい授業か

「先生の授業はショーみたいですね。」自分の授業を参観してくださった同僚の先生から言われた言葉が深く印象に残っている。「『ショーみたいな授業』は『よい授業』なのだろうか？子供が意欲的に授業に参加する方法は色々なところで学んだ。そこで学んだ数々の指導技術を駆使して授業を行う。多くの子供たちはノリノリで授業に参加する。教師の想定通りに授業は進んでいく。子供も先生もスッキリして授業を終える。そんなよい授業を追求し，行ってきたつもりだった。

2 つきつけられた子供からの「ダウト」

担任した5年生と小数の割り算の授業を行った。問題は300÷2.5。本時のねらいは「小数の割り算の計算を除法の性質に基づいて考える」ことである。導入や数値は工夫を凝らした。自力解決では多くの考え方が子供たちからでた。「式を2倍にして600÷5」「4倍にして……」「10倍にして……」どれも予想通りだ。授業の後半では，「なぜ2倍，4倍にしたのか？　3倍ではダメなのか」と子供たちに問い返し，ねらいに迫る考え方を強調した。授業後，内容を理解し，満足そうな子供たち。しかし，その中に，1人悲しそうに授業を終えた子がいた。

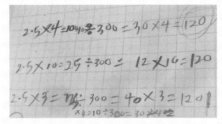

彼が何かを嬉しそうに思いつき，ノートに書く。何度も発表したそうにしている姿は十分見えていた。しかし，私には彼の考えは想定外であり，彼を授業の表舞台に出す勇気がなかった。授業後にノートを改めてよく見てやっと彼の考えが読み取れた。彼は2.5だけを整数にして後から答えを戻したのだ。

$$300 \div 2.5 \quad \boxed{\times 4} \quad = 120$$
$$300 \div 10 \quad \boxed{\times 4} \quad = 30$$

私がもっと深く教材について理解していれば，子供に寄り添えていれば，彼のことを取り上げられたかもしれない。そして彼の考えを解釈する活動を行えば，割り算の性質の理解を深められたかもしれない。自分の考えを発表できず寂しそうな子供を見て後悔した。

3 更新された授業観

「ショーみたいな授業」は「よい授業」なのか？　現状，私はNOだと考えている。先生の想定した子供の意見だけを取り上げる授業はスマートだが，子供のための授業というよりは教師が安心するための授業だったように思う。子供たちはいつも思いもよらぬ発想をしてくれる。そんな想定外に直面した時，覚悟をもって教師が子供と正面から向き合うことで，「本当によい授業」は作られていくのではないだろうか。日頃から子供には失敗を恐れるなと話している。教師もそうでありたい。

算数サークル紹介

サークル名 **たのしみ math**
サークルの特徴 「全ては子どもの笑顔のために」を合言葉に，月一回行う若手中心の学習会です

　「全ては子どもの笑顔のために」を合言葉に，平成31年度から始まった学習会です。

　会の名前には「教師も子どもも算数を楽しみたい」という思いが込められています。

　算数を通して，子どもを笑顔にしたい。学校大好き！　友達大好き！　そして自分自身を「大好き！」といえる子どもを育てたい，という志を持った素敵な仲間が集まる学習会です。

　本学習会の特徴は2つあります。1つは沖縄県の国頭地区，中頭地区，那覇地区，島尻地区，離島地区と様々な場所から集まっていることです。2つ目は，初任者を始め，採用2年目から5年以内の先生が多く参加していることです。以前は，毎月一回，直接集まり開催していたのですが，コロナ禍ということもあり，令和2年度からはZoomでの学習会を中心に活動しています。

　学習会では，会のメンバーが若いからこそ，素朴な疑問や悩みが話題となります。例えば，「算数が苦手な子や発表が苦手な子が意欲的に参加するためにはどうしたらいいのか」「多忙な業務の中，日々の教材研究をどのようにやればいいのか」「授業中，ついつい説明が多くなってしまうので，どうしたら子どもの意見を引き出すことができるのか」など具体的かつ切実感のある内容ばかりです。この月一回の学習会は，算数授業や学級経営，子ども理解を深めるだけではなく，同じ悩みを持ち，日々目の前の子どものために頑張っている参加者同士が関わることで，明日への活力をもらえることが最大の魅力です。今後も，子どもの笑顔のために，たのしみmath！

（那覇市立那覇小学校　新城喬之）

サークル名 **盛算研**
サークルの特徴 鳥取県・島根県の先生方が中心の熱い志を持つ算数サークル

　盛算研は，鳥取県出身の筑波大学附属小学校の盛山隆雄先生と共に2011年4月に発足した算数サークルです。盛算研というサークル名の由来は「盛り上げよう！　算数で山陰を。」からきています。メンバーは，公立小学校の先生方がほとんどで，「子ども達がいきいきと輝く，楽しい算数授業をしたい。」との熱い思いを持った同志の集まりです。

　盛算研では，子どもたちにとって魅力ある算数授業を行うために，自分たちの算数授業を映像で見て語り合ったり，子どもたちが夢中になる算数教材を提案したり，学習意欲を引き出すための工夫について考えたりしています。平成30年7月に，盛山先生と共に「数学的活動を通した深い学びのつくり方」という書籍をつくり，盛算研の学びを1つの形に残すことができました。現在の盛算研は，コロナ禍ということもあり，年間10回の勉強会を山陰各地で行うことができていません。しかしながら，「算数好きな子どもを増やすための楽しい算数授業づくり」をテーマに，オンラインで情報交換を定期的に行い，メンバーそれぞれが日々の授業改善に取り組んでいます。

　盛算研は，人々との出会いを大切にして，今後も盛山先生と共に歩み続けていきます。盛算研の活動に興味のある方は，一緒に学んでいきましょう！

（米子市立福米東小学校　田中径久）

全国算数授業研究会
理事・幹事研修会のよさ

全国算数授業研究会理事・幹事研修会報告

荒川区立第一日暮里小学校 **石川大輔**

オンラインで行われた全3回の全国算数授業研究会理事・幹事研修会を振り返り，次のようなよさを実感した。

1 問題意識を整理して臨める

一つ目のよさは，事前に講座の概要が送られてくることで自分の問題意識を整理して会に臨めるということである。

事前に事務局から当日発表される20本の講座の概要がメールで送られてきた。20本の講座の概要を見てワクワクすると同時に，どの講座に参加するか非常に迷う。まず，「この講座ではどのような内容が発表されるのか」と想像しながら全ての講座の概要を一読した。次に，問題意識や興味関心によって3セットに分けられた講座からそれぞれ一つの講座を選んだ。そして，その問題意識に関することを自分で整理して当日の会をむかえた。私の問題意識は「統計」「個別最適な学び」「探究的な問題解決」の3つであったのだが，研修会前に振り返り，整理することができていたので，学びたいことが学べ，収穫の多い会となった。

2 離れた先生方と対話して学べる

二つ目のよさは，オンラインで行ったことにより，離れた先生方と対話して学べるということである。

今回の会では，多くの先生方がオンラインで全国各地から参加した。通信費はかかるが交通費と移動時間は0だ。自分は東京都の自宅にいたが，画面の中には全国各地の先生方がいる。しかも，対話できる。問題意識が高い理事・幹事の先生方からは発表者の主張の後に次々と意見が出され，学びが深まっていった。このような対話に自ら参加したり，イヤホンで聞いていたりすると，自分では気付かなかった新たな知見が得られ，新たな問いをもつことができた。

3 発信者としての研鑽をつめる

三つ目のよさは，自分自身が一講座を務めることで発信者としての研鑽をつめるということである。

我々は全国算数授業研究会の理事・幹事である。全国の教育現場で，子どもの姿と授業を通して，これからの算数の授業を発信していく責務がある。この責務を全うするためには発信する力が必要である。発信者として，限られた時間で，どのように資料をまとめ，伝えればいいか，協議で参加者とどのように意見を交流すれば深まるかなど，諸先輩方の講座を視聴するだけではなく，自分自身が講座を行うことで，発信者としてのノウハウや自分の課題に気付くことができた。

さぁ，次は1月9日の東京大会である。

今度は全国の先生方と共に授業を見て語り合える会をオンラインで実現しよう。

（全国算数授業研究会東京大会の詳細は p.71 へ）

実践報告　3年生「三角形と角」

大阪府豊中市立大池小学校　**舟本　星怜奈**

１　授業のねらい

二等辺三角形の底辺をのばしていくと正三角形になり，最後は直線になることに気づく。

２　授業の流れ

１．①②の二等辺三角形を見せ，どのように変化しているか確認する。この後どんな二等辺三角形に変化するか考え，作図する。

２．二等辺三角形がだんだんと正三角形に近づいていき，底辺が6cmになったとき正三角形になることを確認する。

３．二等辺三角形の頂点アの位置が低くなり，最後には二等辺三角形が書けなくなることを確認する。また，下の辺が何cmの時か考える。

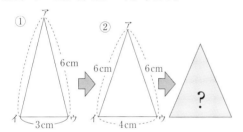

３　児童の思考過程

「①も②も２つの辺は6cmのままだね」「②は下の辺の長さが1cm長くなっているよ」

「二等辺三角形の下の辺を１cmずつのばすとどのような形になるだろう」

「次は下の辺が4cmから1cm長くなって，5cmになるね」「２つの辺は6cmのままだね」作図

「なんだか正三角形に近づいてるよ」「次は，きっと正三角形になるよ」　T：「どうして？」

「だって，次は5cmから1cm足して下の辺が6cmになるでしょ。そしたら，全部の辺の長さが6cmで正三角形になるよ」「作図してみても，正三角形になったよ」作図

「次は，また二等辺三角形に戻るよ」作図「でも，今までとちょっと形が違うよ」　T：「どういうこと？」

「今までは，背の高い二等辺三角形だったけど，次は太った二等辺三角形になっていってるってこと」

「アの頂点がだんだん低くなっているね」

「つぎはもっと低くなって，いつかぺちゃんこになってできなくなるところがあるよ」

「二等辺三角形ができなくなるところはどこだろう？」

「11cmはできそう」「13cmは絶対無理だな」

「前の授業で真ん中に届かない辺の長さだと二等辺三角形はできなかったよ」

「12cmはどうだろう？」☚12cmができない理由を考える

「6〔cm〕＋6〔cm〕＝12〔cm〕だから，ただのぼうになっちゃうよ」

「作図のコンパスの線は，ちょうど12cmの直線の上になるね」

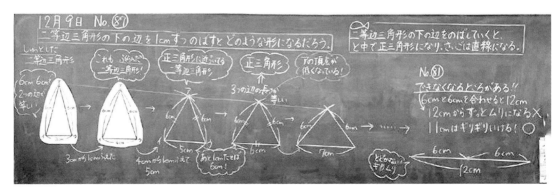

※本稿は，全国算数授業研究会 月報 第273号（令和3年3月発行）に掲載された実践です。

Monthly report

たし算とひき算の意味を創る

田中英海

1 算数を創る学習文化の形成

小学校入学期の子どもも，園での生活の中で数や形に触れあい，日常の事象を算数の考え方を使って問題解決してきている。低学年では生活から算数を発見すること使うことも大切にしたいが，何を算数の約束として考えているか，既習の意識をもたせる指導が大切である。みんなで決めた約束を根拠に考えていく態度を価値付けていくことで，算数を創る学習文化が徐々に形成されていく。

2 たし算の式の意味を創る過程

1年生の加法・減法は，ブロックの操作で演算の意味を定義することが一般的である。多くの教科書は合併で，たし算を教える。

○○○→　←●●（両方で動かす）

3と2をあわせると5になります。

しき　3 + 2 = 5

「あわせて」や「ぜんぶ」など言葉は変わっても，両方からブロックを合わせて1つにしている操作が同じことに気付かせていく。

続く「増加」は，意味を創る場面である。

○○○○○○　←●●（片方を動かす）

子どもの中には，「これもたしざん」「6＋2」と決めてつけてしまう子も多い。「どうしてたし算なの？」と問い返すと，「数が大きくなっているから」「ふえてるから」と答える。

ここで既習での約束，違いに気付かせ，子どもの問いにしていくのが，教師の出処である。合併の絵と増加の場面の絵を比べて，ブロックの操作の違いに着目させた。「ブロックを両方動かしたお話をたし算で表したけれど，片方動かすお話もたし算としていいのか？　これもたし算なら，同じところはどこかな？」と突っ込んだ。1年生にはとても難しい問いかけだと，授業しながら感じたのは正直な所だ。既習事項を根拠に新しい学習内容を比べる，共通点を見いだしていくこと。統合的に考えて，既習の約束を広げていくという姿勢を教師が見せないと，子どもに算数を創る態度が育たない。子どもたちは，合併と増加の似た所を発表しながら，「両方ともガチャンとなっている」という擬音語で，2つのブロックを合わせる操作を表した。ガチャンと見れば片方の操作も，両方の操作と同じにみられることをすごい発見だね～と価値付け，増加もたし算の式で表現することを押さえた。

既習事項を根拠に，同じように考えられるか？　その発見の繰り返しが，問題を解く算数から，算数を創る意識へ変わっていく。

3 求補の場面で，たし算と比べる

「のこりはいくつ，ちがいはいくつ」に求補の場面がある。

> ライオンが9ひきいます。
> メスは3ひきです。オスはなんひきですか。

教科書では求残の後に扱い，9−3＝6と立式し，答えを求めることがねらいである。

実際の授業では，3＋6＝9とたし算の式の子が多くいた。「メスが3ひきでオスが6ひきであわせて9ひきになる」と理由を説明した。式を○やブロックで説明する文化もできてきて，「○でもかけるよ」と図で説明され，多くの子はたし算に納得している。これに対して，「もんだいに出てきたじゅんにしきをかくんだよ。だから9−3＝6」という発言をした児童がいた。家の人にドリルなどをやっていて言われたのだろうか。「え？そうなの？」という声が聞こえる。「そんな約束あったっけ？」と根拠にもどるように方向づける。すると，「この式をブロックで表せる」とブロック操作や，求残で扱った金魚や風船の場面と結びつけて，説明していった。

9−3＝6が出たことで，「どっちの式があってるの？」「3＋6＝9でもいいの？」いう発言

があった。答え6ぴきに対して，たし算の式に違和感がある子もいるようであった。

3＋6＝9に対して，「3がメスで，ライオンは9になればいいから，オスは……」と式を読んだ。また，オス・メスの並び順を整理すれば（板書右の矢印），たし算の時のブロックと同じに見えると発言した。こうしたやりとりの後，どれもこのお話を表している式といえることをまとめた。

入門期のたし算・ひき算は，場面の変化と操作，式を関連付けるため，式を動的に捉え，＝の後を結果，答えとして捉える。また，あわせて，のこりはなどキーワードを頼りに立式する子がいる。キーワードばかり意識させては，逆演算の問題などで数量関係をつかめずにつまずくことが多い。一方，実践のように3＋6＝9，6＋3＝9，9−3＝6，複数の式を比べると，メスとオスとライオンと，部分と全体の数を捉えるようになり，加法と減法の相互関係の素地活動にもなる。教師用指導書には，ひき算の式しか載っておらず扱いも薄い求補の場面だが，子どもたちと創った既習に戻ると，合併と求補が関連付き，式の見方も豊かになっていく。

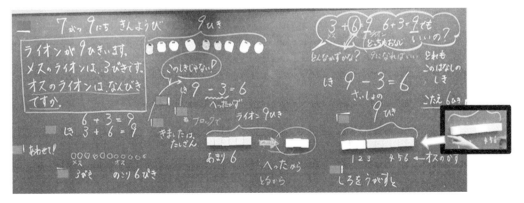

互恵的に学ぶ集団を育てる授業づくり

平行だけでなく，垂直も観点に加えた四角形の弁別より

青山尚司

1 "恵み"を与え合う集団へ

　3月まで勤めていた東京都千代田区にある暁星小学校ではキリスト教の理念に基づいた教育がなされている。神父様は子どもたちに，「神様から恵みをいただいているように，自分がしてほしいと思うことを人にしてあげましょう」というお話をよくされていた。つまり"恵み"とは神様から人々への一方通行ではなく，"恵み"の連鎖が互いの幸せに繋がっていくと考えることができる。自分はキリスト教の信者ではないが，暁星小学校で過ごしていく中で，子どもたちのより良い成長を促す"恵み"とは何かを考えるようになった。先生が児童に恵みを与えるのではなく，個のよさを実感できるように励ましながらその雰囲気を広め，互いに恵みを与え合う互恵的な集団を作り上げていくことが授業においても大切なのである。

2 互恵的な学びにつながる課題設定

　第4学年「四角形」の導入場面は，平行を観点として四角形を弁別させ，台形と平行四辺形の意味を学習するのが一般的である。しかしこの展開では互恵的な学びは生まれない。そこで以下のように，弁別の目的や観点が児童から生まれる導入の仕方を試みた。

　前時までに垂直と平行の学習を終えた児童に正方形を提示すると，自然と「平行が2つある」「垂直が4つある」という反応があり，平行は向かい合う2組の，

図1

垂直は隣り合う4組の辺の関係であることをそれぞれ確認した（図1）。ここで，「四角形っていうのは，2平行4垂直なんだね」とつぶやいた。「四角形＝正方形（長方形）」というイメージが強い児童は頷くが，「違うのもあります」という反応も徐々に強くなっていった。そして，「2平行4垂直以外の四角形を見付けよう」と課題を設定した（以下，授業中と同じように，それぞれの四角形を「○平行○垂直」という呼び名で記す）。

3 平行と垂直を観点とした弁別

　1cm間隔のドット図を配布し，それらを結んで四角形を作ることを促すと，児童は新種発見を目指して活動を始めた。

　1平行の仲間として発見したのは，0垂直と2垂直であった。また，2平行については，4垂直の他に0垂直があることを発見した（図2）。このとき，「2平行は1つ垂直にしたらどうしても4垂直になっちゃう」という発言があった。

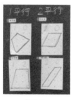

図2

0平行については，1垂直となる凹形四角形（図3）発見した。また児童は，0平行でありながら2垂直となる四角形（図4）を発

図3

見した。これらが出された時，意外な部分に直角ができていることに驚く反応が見られ，辺同士の位置関係

図4

を注意深く観察するようになっていった。その後，作った四角形を改めて整理し，平行の数は0か1か2であり，1平行のものを「台形」，2平行のものを「平行四辺形」とよぶこと確認した。また垂直の数は，0か1か2か4で，4垂直は2平行の場合しかできないこと，3垂直にしようとすると，必ず4垂直になってしまうことなどが話し合われた。1平行1垂直がなぜできないのかも話題となり，「平行は1本の直線に垂直な2本の直線だから1平行にしたら2垂直になる」と，平行の定義をもとにした説明があった。この説明に対して拍手が起こり，習ったことを説明に使うことが説得力につながることが共有された。

4 垂直の意味の確認から意外な発見へ

児童が平行の定義を用いたことから，敢えて「じゃあ，垂直って何だったっけ？」と問いかけた。ノートを見返して「交わった時に直角ができる直線の関係」と話した児童に対して，「交わってなくても良いんだよ」という児童がいた。そして，また別の児童が，「そうそう伸ばして直角ができれば……あ！」と何か気付いた様子であった。「どうした？」と問うと，「1平行1垂直できる！」と答え

た。ここから児童は，伸ばしていけば直角に交わる辺を探し始めた。そして発見したのが，図5の等脚台形であった。長さが等しい2つの辺を上底側に伸ばしていくと確かに直角ができるのである。これを発見した児童は，両手で山を作るようなジェスチャーをしてみんなに伝えた。そのジェスチャーが徐々に広がっていくとともに，「あ～！」「ホントだ！」と驚く声

図5

図6

も大きくなっていった。さらには，既に出されていた四角形の中で，0平行0垂直と考えられていた図6の凹型四角形について，「だったら，これも辺を伸ばせば垂直が2つもできるので，0平行2垂直です」という再発見も引き出された。

5 本時の成果

平行だけでなく垂直も弁別の観点として考えたことで，構成要素としての辺の関係を注意深く見る児童の姿が引き出された。またこの活動を通して，平行や垂直の意味や性質についての理解も深まったといえる。

尚，本時のMVPには，1平行1垂直を発見した児童だけでなく，平行の定義を使って1平行1垂直ができないと説明した児童も選ばれた。構成された事実や，構成できない理由を説明し合う活動の中に互恵的な学びがあり，たとえ結果は間違えていても，学ぶ過程において大切な働きをした仲間の存在を認める雰囲気になったことは，次につながる成果であった。

TANAKA Hidemi

AOYAMA Shoji

MORIMOTO Takashi

OHNO Kei

NAKATA Toshiyuki

SEIYAMA Takao

NATSUSAKA Satoshi

発展的に考察する力
を伸張する算数授業のつくり方

数を変えることで見方・考え方が変わる経験を積ませる

森本隆史

夏休み明け，久しぶりに学校に来た５年生の子どもたちに，下のような問題を出した。

> ２dLのコップ（A）と５dLのコップ（B）と、大きな入れ物があります。
> この３つを使って、６dLを測るためにはどうすればよいですか。

構えていた子どもたちが，「なーんだ，簡単だよ」と言い始める。はじめに指名した子どもは，２×３＝６（①）と言い，２dLのコップ３杯分を大きな入れ物に入れると６dLができると説明した。この考えは，１つのコップだけを使い，６dLを作ったものである。

「他にも方法がある」と手を挙げる子どもが出てきた。手を挙げた子どもたちは，前の子どもが発言した２×３（①）というかけ算が思い浮かばなかったわけではない。もっと他の方法で６dLを作ることができないかと考えたのである。このように，「ちがう方法で考えてみよう」という意欲を大切にして，育てていきたいものである。

次に指名した子どもは，「５dLのコップ（B）に入れた水を，２dLのコップ（A）に移すと，Bに３dL残る。この水を大きな入れ物に移すと３dL入る。これと同じことをもう１回すれば大きな入れ物に６dLの水が入る」と言った。この考えは，２つのコップに入る水の量の差３dLをうまく使っている。６dLの半分を作ると考えた子どももいるかもしれない。式で表すとどんな式になるのかを問うた。すると，（５－２）×２＝６（②）という式でこの考えを表した。

①の式しか思い浮かんでいなかったであろう子どもは「ああ，なるほど」と，差をうまく使っていることによさを感じている様子。算数では，このように見方が拡がっていくときに，子どもたちはおもしろさを感じるのである。

この後，子どもたちに似たような問題を作るように言った。どんな問題ができるかは偶然なのだが，ある程度は予想ができる。

・AとBのコップの水の量を変える
・測る水の量を変える
・整数を小数に変える
・コップの数を変える
　などである。

ある子どもは，次のような問題を作った。

> ４dLのコップ（A）と９dLのコップ（B）と、大きな入れ物があります。
> この３つを使って、７dLを測るためにはどうすればよいですか。

原問題の①のように，かけ算だけではもち

ろんできない。そこで，子どもたちは②のように2つのコップの差に目を向ける。しかし，2つのコップの差は5dLなので，うまく使えない。このように「ほんの少し数値を変えただけなのに，同じ考えが使えない」ということを経験することが大切だと考えている。

ある子どもは，（9－4×2）×7（③）という式で自分の考えを表した。Bのコップの水を2回ほどAのコップに移して1を作った。1を作ることができれば，どんな数でもできると説明した。子どもたちは1を作るよさを感じていたが，「7回もくり返すのはめんどくさいから，（9－4×2）×3＋4の方がいい」と言った。この子どもは実際にコップを使ったときのことをイメージしている。

ここで，「全くちがう考えがあります」と手を挙げる子どもがいた。その子どもの式は，4×4－9＝7（④）というものだった。Aのコップに水を入れ，大きな入れ物に4回移すと16dLになる。大きな入れ物からBの入れ物に移すと7dLだけ大きな入れ物に余るという考えだ。この考えに，多くの子どもたちが拍手をした。他の子どもにはなかった数の見方と言える。先ほどまでは手を挙げていなかった子どもが，④の式を見て「だったら，9×3－4×5でもできる」と発言した。④の式を見ることで，その考えのよさを感じて，自分の新しい見方・考え方が育ったといえる。このように，仲間の考えを使おうとする姿はしっかりと価値付けていきたい。

別の子どもが新しい問題を発表する。

> 5dLのコップ（A）と3.9dLのコップ（B）と，大きな入れ物があります。
> この3つを使って，1dLを測るためにはどうすればよいですか。

整数だけではなく，小数を入れたこの問題を見た子どもたちは，少し困っていた。「難しい」という声も聞こえてくる。読者の方も1dLを作るためにはどうすればよいか，少し考えてみてください。

①や②の考えは使えないし，③のように1を作ることもすぐにはできそうにない。AとBの差が1.1になるのも，子どもたちにとっては気持ちが悪いようだ。

ある子どもは，5－3.9＝1.1，1.1×5＝5.5，5.5－5＝0.5，0.5×2＝1という式を言った。AのコップからBのコップに水を移し，1.1dLを大きな入れ物に入れる。これを5回くり返すし，5.5dLの水を5dLのコップに移すと0.5dL余る。これをもう一度するという考えだった。しかし，これは大変という意見が多く出た。

ある子どもが「5×8－3.9×10＝1でできる」と言った。「どうしてそうしようと思ったの？」と尋ねると，「さっきと同じように考えたらできると思ったし，小数を整数にするには10倍すればいいと思った」と言った。

似たような問題だが，数を変えていくと，子どもたちの新しい見方が生まれてくる。さらに，似た問題を解決していくことで考えが強化されていく。このような経験を増やしていくことが大切だと考えている。

ビルドアップ型問題解決学習

「委ね，任せる」で，
「特殊から一般」の流れを引き出す算数授業

大野　桂

◆本実践に臨む前提

　ここで述べる実践は，6年「線対称」の学習の第2時間目である。第1時で，「線対称」の意味を理解し，「対称の軸」という用語を知った上で，線対称な図形を作図する学習場面である。

　授業の目標は，次の3点である。

・既習の図形を，線対称という観点で見直そうという態度をとることができる

・対応する点を見出せば作図ができることに気づくことができる

・対応する点を結んだ直線は，対称の軸と直角に交わり，かつ二等分されることを見出すことができる

　教科書上では，上の3つの目標1つ1つに，「（正方形・長方形・直角三角形などを提示し）線対称な図形を選びましょう」「（対象の軸と軸の左側の図形が示された示された状態のものを提示し）線対称の図形になるように，対称の軸の左側の図を作図しましょう」「線対称な図形の特徴を整理しましょう」

という，それぞれ1時間ずつ課題が掲げられている。

　しかし，本実践は違う。「作図」という1つの活動で，3つの目標を達成しようとしているのである。なぜなら，その方が，自然と「線対称」の概念を獲得していくことにつながると考えたからである。

　最初に提示する課題も，対称の軸だけを提示し，対称の軸の左側の図形について「対象の軸の左側の図形がどんな形だったら，対称の軸の右側の図形を簡単に描ける？」という作図する図形自体を子どもに委ねることとした。

(軸の左側が)どんな形だったら、簡単に軸の右側の図形が描けそう？

　なぜなら，「対称の軸の左側の図形」を考えるという活動が，自然と「既習の図形を，線対称という観点で見直そうという態度」を引き出すと考えたからである。しかも，「簡単さ」を問うことで，より子どもたちが取り組みやすい「特殊」な図形が引き出され，それが本時の問題解決を進めるための，そしてビルドアップ型算数授業の根幹となる「思考のスタ

ートライン」となりえると考えたからである。

　このような思いのもと，授業に臨んだ。それでは，授業の実際を述べていくこととする。

◆「簡単」を問うことで，「これならできる」と特殊が引き出される

　まず，対称の軸だけを黒板に提示し，「線対称な図形を描きます。この対称の軸の左側がどんな図形だったら，簡単に右側の図を描ける？」と問うことから授業を始めた。

　そして，「簡単に描けそうな図形を1つノートに描いてごらん」と促した。すると，多くの子どもたちが，同じ図形をノートに描いているのである。1人の子供を指名し，黒板に描かせてみた。それが，次に示す「長方形」であった。

　子どもたちに，「どうしてこの形を選んだの？」と問うと，「正方形になるじゃん」ということであった。このことは，「既習の図形を，線対称という観点で見直そうという態度をとることができる」といえる。つまり，このような線対称な図形を作るという活動が，子どもたちから，自然と「既習の図形を，線対称という観点で見直そうという態度」を引き出していったのである。

　さらに，「どうやって右側を描くの？」と問うと，「長方形の上下の辺を同じ長さだけ延長して，あとは延長した先を結べばいい」

ということであった。

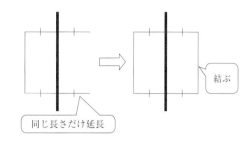

　このように，「簡単」と問うことで，線を延長し結ぶだけで線対称な作図できる特殊な形を見出した。このことから，子どもたちは，「対応する点を結んだ直線は，対称の軸で二等分される」ことは何となく感覚として掴んだと捉えることができる。しかしながら，「対応する点を結んだ直線は，対称の軸と直角に交わる」については，まだ意識にない状態であると捉えられる。

　また，作図の仕方に関しても，子どもたちは「同じ（合同な）長方形を右側に描けばよい」と感じているだけで，「対応する点を見出す」という意識は生まれてきていないことが分かる。

◆「これも簡単が」が，徐々に「特殊から一般」の流れを引き起こす

　ここで，「直角三角形でも簡単に線対称な図形を作図できるよ」という反応が表出した。

「直角三角形」を選んだ理由を問うと…

続きは，次号で

円の面積のどのくらいの割合かな？

― 6年「おうぎ形の面積」―

中田　寿幸

1 おうぎ形の面積を求めたい

円の面積を学び，半円，$\frac{1}{4}$円，葉っぱ型の面積を求める経験をした子どもたちは$\frac{1}{4}$円以外のおうぎ形の面積を求めたいと言い出す。ここ何回か6年生を担任すると毎回のように子どもから出てくることである。

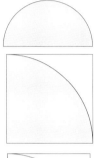

半円，$\frac{1}{4}$円の面積を求めたときと同様に，円の面積を求めれば，おうぎ形は円の一部と考えれば面積を求められそうだと6年生は考える。

おうぎ形という言葉は円の面積を求める導入の場面で，「$\frac{1}{4}$円を求めて4倍すればいい」という考えが出てきたときに，子どもから出された。四分の一円よりもおうぎ形の方が生活の中でも使われている言葉である。その後，$\frac{1}{4}$円の面積を求める問題，葉っぱの面積を求める問題の場面でもおうぎ形は登場した。

2 円の面積の何分の何なんだろう？

半円，$\frac{1}{4}$円，葉っぱの形の面積を求めた子どもたちにおうぎ形の面積を求めるように伝えた。

おうぎの絵をフリーハンドでかき，『おう

ぎ形ってこんな形です。こんな形の面積，求められますかねえ』と聞く。

「円の面積の一部と考えれば求められそう」

「円の面積が求まれば，その何分の1なのかがわかればおうぎ形の面積を出せる」

「何分の1じゃなくても，円の面積の何分の何なのかがわかれば求められる」

ここで，フリーハンドでかいていたおうぎ形が円の一部と見られることをコンパスを使ってかいて示した。

「あとは半径と中心の角度が分かれば出せる」「半径と中心の角度を教えてください」と子どもがいう。

ここで，確かめた。『半径は何で必要なの？』

「円の面積を求めるためです」

半径は子どもがノートに実物大をかけるサイズとして5cmとした。

『中心の角度は何で必要なの？』

「おうぎ形が円の面積の何分の何なのかがわかれば求められるから」

円の何分の何なのかを「円の$\frac{y}{x}$なのか」と板書した。

3 おうぎ形が円の面積のどれくらいの割なのかを予想する

おうぎ形が円の面積のどのくらいの割合な

のか予想させた。

「$\frac{1}{3}$」という子がほとんどだった。「$\frac{2}{5}$」と予想する子もいたので，両方の予想の面積を求めることにした。

予想で出た2つの両方とも求めたのは，円の面積に割合をかけることでおうぎ形の面積が求まることを繰り返して理解させたいと考えたためである。$\frac{1}{3}$だけだと，整数で割れるときしかおうぎ形の面積が出せないと考える子どもが出ると思ったからである。

$\frac{2}{5}$と予想した子は分母を5にした理由を次のように振り返っていた。

「分母に5があると，約分できて計算が簡単になるからいいなと思った。そうしたら分子の2と残った5をかけると10になって，3.14が31.4と暗算でできちゃった」

$\frac{1}{3}$だと$26\frac{1}{6}$㎠，$\frac{2}{5}$だと31.4㎠となる。『このぐらいかね』と全体に聞いてみると，「半径×半径の正方形が25㎠でそれよりもおうぎ形は少し大きい位だから，いい感じじゃないかな」と見当をつける子がいた。このように面積の大きさを半径×半径の正方形を元に考えることや，だいたいで面積を比べていく見方・考え方は，円の面積の単元で大事にしたい見方・考え方である。

4 おうぎ形の中心角が全体の何分の何なのか

おうぎ形の中心の角度を中心角ということを教え，中心角が132°であることを伝えた。

『132°ってわかってもね，何分の何なのかはわからないでしょ』とここでも揺さぶる。

「全体が360°で，そのうちの132°だから…」
「分数にすると$\frac{132}{360}$になる」
「これが全体のうちのおうぎ形の割合」
「約分して$\frac{11}{30}$になる」
「これを（円の面積に）かければいい」

5 おうぎ形の面積は中学1年で学習する

中心角が60°，120°……と60°ずつ大きくしていったり，45°ずつで切りのいい整数でわり切れたりする場面を発展的に扱うことはこれまでしてきた。今回は円の面積を全体としたときの割合でおうぎ形を見ていった。これにより，整数で割り切れない場面でもおうぎ形の面積を求めていくことができた。

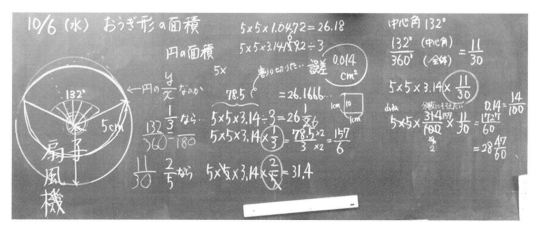

自力解決の前に検討する見方・考え方
―3年生　たし算とひき算の筆算―
盛山隆雄

1　たし算の筆算の問題

次のような問題を出した。

□～8の数字カードが1まいずつあります。
□に当てはめて，ひっ算をつくりましょう。

```
    □□□□
  + □□□□
```

「どんな筆算をつくろうか？」
と問うと，「一番大きな答えになる筆算」，
「一番小さい答えになる筆算」といった意見
が出てきた。そこで，
「まず一番大きな筆算を作ってみようか」
と課題を決めたのである。課題が決まったと
き，<u>どのように考えればよいのか，どこに目
を付ければよいのかを検討することで，課題
を焦点化する。</u>そうすることで，多くの子ど
もたちに数学的な見方・考え方を働かせる経
験を積ませるのである。このとき，
「どのように考えればいいのかな？」
という子どもの呟きが聞こえたので，その言
葉をそのまま他の子どもたちに投げかけて，
見通しを持たせようとした。
「千の位から大きな数をあてはめればいいと
思います。」
といった考えが出てきた。それから
「なるほど，ではこれでいいかな。」

と言って，次のように私が筆算を作って見せ
た。

```
    8765
  + 4321
```

「違う，違う！」
と子どもたちが反応し，
「千の位は8と7じゃないと大きくならない
から」
と口々に言った。この段階で
「では，考えたことをノートに書いてみよう」
と言って自力解決に入ったのである。

千の位から大きな数を当てはめる意味を考
えさせてから自力解決をスタートした。そう
することで，数学的な見方・考え方を全員が
働かせることを期待したのである。

右のような筆算が発表
された。この後，たし算
の筆算の最小の答えにつ
いても同じように考える
ことができた。

```
    8642
  + 7531
  ―――――
   16173
```

2　ひき算の筆算の問題

たし算で最大と最小の筆算を作った後，
「今度はひき算で作ってみたい！」
という声が上がった。そこで，ひき算で答え
を最大にする問題を考えることにした。

「どうやって考えればいいのかな？」
という問いを多くの子どもが持ったので，考え方を整理した。子どもから次のような考えが発表された。
「2つの数のちがいを大きくするから，ひかれず数を……」
　このとき，説明を途中で止めて，他の子どもたちに次のように問うた。
「ストップ！　○○さんは，ひかれる数をどんな数にして，ひく数をどんな数にすればいいと考えたと思いますか。隣の人と話し合ってみましょう」
　しばらく相談してから発表してもらった。
　「ひかれず数を一番大きくして，ひく数を一番小さくすれば，違いが大きくなるので，答えが最大になると思います」
　このよう演繹的な考え方を板書し，方法の見通しをもってから自力解決に入った。
【ひき算で答えが最大の筆算】

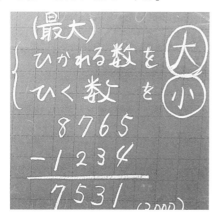

　次に最小の筆算も考えることになった。
「最小の場合はどう考えるのかな？」
　今までと同じように子どもたちは考え始めた。

「最小にするには2つの数を近くすればいいよね」
　このようにひかれる数とひく数のイメージを語る子どもがいた。この後，「近くする」の意味についてみんなで話し合い，
「3000と2999みたいに大きさが同じぐらいの数です。そうすれば違いが小さくなります」
　といった意見が出てきた。
　右にように，千の位に3と2を当てはめて，止まっている子どもがいた。

$$\begin{array}{r} 3\square\square\square \\ -\,2\square\square\square \\ \hline \end{array}$$

この様子を取り上げて，この先をみんなで考えることにした。
「3000を真ん中に考えて，ひかれる数もひく数も3000に近づけるようにすればいいと思います」
と言う子どもがいた。この考えをヒントに，3千台の数で3000に一番近い数，2千台の数で3000に一番近い数を考えた。
「ひかれる数は3123にいたいけど，3と2はもう使っているから，3145になります」
「ひく数は，2876が3000に一番近いです」
　こうして，右のような筆算を作ることができた。
ところが，この後，「もっと小さい答えになる筆算ができました！」

$$\begin{array}{r} 3145 \\ -\,2876 \\ \hline 269 \end{array}$$

と言う子どもが多数現れた。この続きは，次回の連載でご報告する。

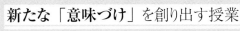

新たな「意味づけ」を創り出す授業

納得できた方法を使って広げる（その2）

夏坂哲志

 方法を共有できる言葉を大切にする

前号（本誌135号）では，下の図1の1号室と2号室の混み具合が同じであることを，子ども達が納得していくまでの過程について紹介させていただいた。

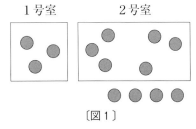

〔図1〕

子どもの考え方は2通り。

1つは「1号室を増築すると……」であり，もう1つは「2号室の真ん中に線を引くと……」という言葉で表現された。

どちらも，面積を同じにして比べる方法に目をつけているわけであるが，その言い表し方が面白い。

教科書的に言うと，「1号室を2倍して，2号室と同じ面積にして比べる」「2号室を半分にして，1号室と同じ面積にして比べる」ということになるだろう。しかし，「増築する」のような言葉の方が，子どもにとってはイメージしやすい。

そして，この表現がその後にも生きてくることになる。本号では，この授業の続きについて述べてみたい。

2 意味が伝わる表現を生かす

問題場面は，旅行の部屋割りをする場面である。旅行に出かけた13人のうち9人は，左の図のように，「1号室に3人，2号室に6人」と分かれることにした。だが，まだ4人残っているという状況である。

ここで残りの4人のために，宿の主人がもう1部屋（3号室）を用意してくれることにする。その部屋の形はL字型。そこに4人が入ると，図2のようになる。

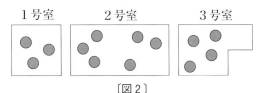

〔図2〕

「3号室の混み具合は，1号室や2号室と同じだろうか」について考えることにする。（「混み具合は同じ」という誤答も想定されるのだが，その説明はここでは割愛する。）

子ども達は，「増築すると……」とか「線を引いて分けると……」という発想の仕方を使いながら，「混み具合は違う」ということを説明していった。

3 同じ形をつくる

まず，3号室に「線を引いて」，1号室と同じ形の部屋をつくることにする。

すると，図3のようになる。

〔図3〕

大きな正方形は，1号室と同じ大きさで，その中にいる人数も同じ3人。だから，この部分の混み具合は「1号室と同じ」である。

次に，残った小さな正方形の部分に目を向ける。そこで子どもが使ったアイディアが，「増築する」という方法である。

2号室　　　　　　3号室

〔図4〕

小さな正方形を"混み具合を変えないで"3つ分「増築する」と，図4のようになる。この図を見てわかるように，2号室は大きな正方形2つ分の広さに6人いるのに対し，3号室は同じ広さに7人いることになる。

このことから，「3号室の方が混んでいる」という結論を導き出した。

4 1人分の広さを比べる

ここで，黒板にかいてある図を指さしながら，何かを数えている子の動きが見えた。「何を数えているの？」と尋ねると，黒板のマスの数を数えていると言う。

本校の教室の黒板には，方眼の線が薄く入っている。前の方の席の子からは，その線がうっすらと見える。目を凝らして，正方形の辺の長さを調べているのである。

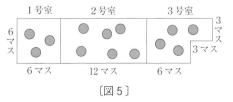

〔図5〕

そこで，2号室の縦が6マス，横が12マス分の"長さ"であることを教えた。（図5）

この子は，図4の3号室の右半分を見て，●1個が入っている小さな正方形が何マス分の"広さ"なのかが気になっていたのである。辺の"長さ"を教えたことによって，それは「9マス（＝3×3）」分の"広さ"であることがわかった。

では，3号室の左半分はどうだろうか。

左半分の大きな正方形（1号室と同じ大きさ）は「36マス（＝6×6）」である。そこに3人入っているので，1人分の広さは「12マス（＝36÷3）」ということがわかる。

このことを使って，子どもたちは1号室と3号室の混み具合を，次の①や②ようにして比べていった。

> ① 1号室は1人あたり12マス
>
> 　3号室は1人あたり12マスにすると，
>
> 　4人目が9マスになるからかわいそう。
>
> 　→だから，3号室は1号室よりも密。
>
> ② 1号室は$36÷4＝12$ ⎫
> 　　　　　　　　　　　　⎬ ←1人分の広さ
> 　3号室は$45÷4＝11.25$ ⎭
>
> 　→だから，3号室は1号室よりも密。

つまり，小さな1つの正方形の中に●が1個入っている図を見て，「1人当たりの面積」に着目したのである。

このような過程を経て，「増築したり等分したりして面積をそろえる」「マスの数を等分して1人当たりの面積を求める」という2つの比べ方の意味を理解していったのである。

TANAKA Hidemi
AOYAMA Shoji
MORIMOTO Takashi
OHNO Kei
NAKATA Toshiyuki
SEIYAMA Takao
NATSUSAKA Satoshi

ⓘ 算数授業情報

information

572

算数 GG ゼミナール

主催：東洋館出版社　参加費合計：2,500円
（参加費 2,280円＋システム手数料 220円）

第9回

2021年10月31日（日）9：30-12：00

「子どもがつくるめあてとまとめ
―本当の子ども主体の授業を目指して」

講師：盛山隆雄，大野桂

第10回

2021年11月28日（日）13：30-16：00

「教科書を使った楽しい授業のつくり方―指
導書を見てもうまくいかない理由」

講師：森本隆史，田中英海

第11回

2021年12月26日（日）9：30-12：00

「遊び心を大切にした算数授業
―ゲームを取り入れた楽しい実践例」

講師：夏坂哲志，青山尚司

第12回

2022年1月16日（日）9：30-12：00

「学力差に向き合う授業のつくり方
―既習を使うってどういうこと？」

講師：大野桂，田中英海

第13回

2022年2月27日（日）9：30-12：00

「学びを深める3つの振り返り―次の一手を
考える，多様な考えを比較する，知識や思考
を整理する」

講師：中田寿幸，盛山隆雄

第14回

2022年3月20日（日）9：30-12：00

テーマ：　算数好きを育てる　おもしろ授業

講　師：　夏坂哲志，森本隆史

573

全国算数授業研究会　東京大会

2022年1月9日（日）

テーマ「子どもの数学的な見方・考え方が働
　　く算数授業　――どんな見方・考え方を，
　　どのように引き出すか」

09：00- 9：20　基調提案

09：30- 9：50　学年別企画本提案①

10：00-10：20　学年別企画本提案②

10：30-10：50　フリーテーマペア対談

11：00-11：20　見方・考え方ＷＳ①

11：30-11：50　見方・考え方ＷＳ②

13：00-13：45　ビデオ公開授業

13：55-14：40　パネルディスカッション

14：50-15：30　シンポジウム

主　催：　全国算数授業研究会

参加費：　4,000円

574

令和3年度初等教育研修会

2022年2月11日（金・祝）・12日（土）

会場　筑波大学附属小学校

算数部の分科会は2日目の予定

※詳細は決まり次第お知らせします。

575

オール筑波スプリングフェスティバル

2022年3月5日（土）13：00-21：00

13:00-13:10　挨拶

13:10-14:10　公開教材研究

14:25-16:00　ビデオ公開授業①＋協議会

　　　　　　　（第3学年　授業者：夏坂哲志）

17:00-18:35　ビデオ公開授業②＋協議会

　　　　　　　（第4学年　授業者：大野桂）

18:50-19:50　授業作りQ＆A

20:10-21:00　シンポジウム

主催：東洋館出版社　参加費合計：4,000円

　　（参加費 3,780円＋システム手数料 220円）

576

書籍紹介

『この1冊で身につく！1年生の算数思考力』 著　大野桂

小学館　定価：880円（税込）

　「算数思考力」を全19題の問題に盛り込んだ問題集です。1年生でも取り組みやすく，本質的な学びの理解につながり，算数が得意になります。

577

書籍紹介

『「はてな？」「なるほど！」「だったら⁉」でつくる算数授業』 著　細水保宏，大野桂，岡田紘子，加固希支男，盛山隆雄，瀧ヶ平悠史，松瀬仁，山本大貴

教育出版　定価：1,650円（税込）

　問題発見・解決の過程を「はてな？⇒なるほど！⇒だったら⁉」という連続する子どもの"問い"と捉え，「主体的，対話的で深い学

び」につながる実践を紹介しています。

578

書籍紹介

『算数授業　発問・言葉かけ大全　子どもが考えたくなるキーフレーズ100』 著　加固希支男・中村真也・田中英海

明治図書　定価：2,486円（税込）

　授業で役立つ発問や言葉かけを目的別に100個収録した超実践的なフレーズ集です。問いや価値づけの語彙が豊かになり，授業がガラッと変わります。

579

書籍紹介

『算数×学級経営　魔法の言葉でもう一歩先の授業・クラスを！』 著　髙橋丈夫，青山尚司，楳原裕人，工藤尋大，小宮山洋

光文書院　定価：1,650円（税込）

　授業での「ワクワク感」は，温かく楽しい学級づくりにつながります。荒れているわけではないけれど，何か物足りないと感じたら手に取ってみてください。

筑波大学附属小学校算数部　Facebook研究会や書籍の情報を発信しています。ぜひ覗いてみてください。

ⓔ 編集後記
editor's note

◆本特集「全学年の図の指導 ——図を使って考える子どもを育てる」を設定したのは，図の活用が算数における資質・能力の育成に欠かせないものと考えているからである。数量や図形の概念や性質を理解する際には，図を用いてイメージを伴った理解をすることで，はじめてその知識は子どもの頭の中に定着し，他の場面で使えるものになる。また，問題を解決する際には，図を思考の道具として扱い，子どもが自由に解決に向かって考えられることが大切である。そして，互いの意見を交流させ，洗練する舞台としても図は有効に活用される。説明の道具としての図の活用である。

　このように算数の学びに欠かせない図について，今一度基本に立ち戻り，小学校6年間の算数で子どもたちはどのような図と出会うのか，それぞれの図はどのような意味をもち，どのように活用されるのかについて，本校算数部のメンバーで執筆した。また，図を活用する授業づくりについては，全国の実践家の皆様に大変参考になる事例をご寄稿いただいた。心から感謝を申し上げたい。本特集が，全国の小学校教師の日々の算数授業の実践にお役に立つことを願っている。

◆本誌の表紙の絵は，毎回本校図工部OBの佐々木達行氏にお願いしている。今回の表現対象は「鳴く鈴虫」で，対比する空想イメージは「豊穣の秋」。佐々木氏は，特集テーマを意識して画題を考案してくださっている。今回の画を見て，やはり本特集で取り上げた図的表現を連想した。例えば数直線などは，数のモデルとして存在し，整数や小数，分数，比例関係など，多様な数学の世界を語ることができるからである。読者の皆様には，表紙の画にもご注目いただき，どのような意味が込められているのか，毎回楽しみにしていただければと思う。　　　　（盛山隆雄）

ⓝ 次号予告
next issue　　　　　　　　138号

特集　教え込みから脱却をはかる授業　　　　モデル21
——子どもから大切な見方をどう引き　　　出すか

　コロナ禍で，効率的に子どもたちに内容を教え込む授業が増えてしまったという。子ども主体で，子どもの本来持っている力を引き出してこそ，子どもの学ぶ力はついていくのである。子どもに教えていくのではなく，子どもから大切な見方を引き出していく授業をどのように創っていったらいいのかを考えていきたい。

ⓢ 定期購読
subscription

▶年間定期購読は6,610円です。[年間7号分]
　隔月号 各900円（6冊）＋特別号 各1,210円（1冊）
▶申込方法
WEB から
・東洋館出版社HPから年間購読を申し込むと購読料が10% OFF！
・刊行の度にお届けする都度課金もご案内しています。詳細はHPをご覧ください。
書店から
・お近くの書店でお申し込み頂けます。

○従前の複数年購読を含む定期購読の新規受付は，2020年8月2日をもちまして終了いたしました。新形態でも引き続きよろしくお願い申し上げます。

算数授業研究 137号
　　　　　　　　2021年10月31日発行

企画・編集／筑波大学附属小学校算数研究部
発　行　者／錦織圭之介
発　行　所／株式会社 東洋館出版社
　　　　　　〒113-0021　東京都文京区本駒込5丁目16番7号
　　　　　　電話　03-3823-9206（営業部）
　　　　　　　　　03-3823-9207（編集部）
　　　　　　振替　00180-7-96823
　　　　　　URL　http://www.toyokan.co.jp

印刷・製本／藤原印刷株式会社
ISBN 978-4-491-04636-5　Printed in Japan

見やすい二色刷り

1 巻頭グラフ
2 たし算
3 ひき算
4 長さ
5 1000までの数
6 かさくらべ
7 時こくと時間
8 三角形と四角形

本時案

おはじきは全部で何個あるのかな？

11/11

本時の目標
・3口のたし算場面を通して、たし算の交換法則と結合法則が成り立つことや、式の中に（　）を用いる意味を理解することができる。

本時の評価
・たし算の交換法則が成り立つことを理解することができたか。
・たし算の結合法則が成り立つこと及び（　）を用いて式を表す意味を理解することができたか。

準備物
・おはじきの数を書いたカード

授業の流れ

1 全部で何個あるでしょう？

5＋15＝20
20＋30＝50

30＋15＝45
45＋5＝50

30＋15＝5＝50
20＋30＋5＝50

30＋5＋15＝50
15＋30＋5＝50

問題場面を提示し、おはじきの個数を書いた3つのカード（30、5、15）を見せる。子どもは、たし算の場面だと判断し、個数を求める式を書く。そしておはじきの数は、2つの式でも1つの式でも求められること、足す順番が変わっても答えは同じだということを確かめる。

何色のおはじきの数から足してもよいので、たし算の交換法則が成り立つ意味が理解しやすい。

2 たし算は順番が変わっても答えは同じだから…

19＋36＋□

36＋19＋□

□＋36＋19

もう1組のおはじきの数（36、□、19）を示す。ところが、1つの色のおはじきの数は決まっていない。後で数を決めることを伝え、1つの式に表すことにする。

3 「36＋□＋19」の計算が簡単にできる数を入れよう！

36＋1＋19
36＋4＋19
36＋5＋19
36＋0＋19

どうしてその数にしたのかな？
この数だったらどうして簡単なのかな？
なるほどね。その数にした気持ちが分かる

「36＋□＋19」の□の中に、この数だったら簡単に計算できると思う数を書き入れさせると、上のような数を入れている。

黒板

○月□日（△）

5
30　15

5＋15＝20
20＋30＝50

30＋15＝45
45＋5＝50

30＋15＝5＝50
1つのしき

じゅんばんがちがう

5＋15＋30＝50
15＋5＋30＝50

たし算はじゅんばんがかわっても答えは同じ

3色のおはじきがあります。ぜんぶで何こあるでしょう。
たし算

19
36
□

36＋19＋□＝
19＋36＋□＝
□＋36＋19＝
どれでもいいね

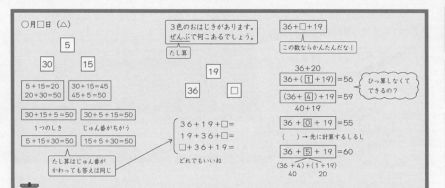

36＋□＋19

この数ならかんたんだな！

36＋20
36＋（①＋19）＝56
（36＋④）＋19＝59
40＋19

ひっ算しなくてできるの？

36＋⓪＋19＝55

（　）→先に計算するしるし

36＋⑤＋19＝60
（36＋4）＋（1＋19）
40　　20

4 どうしてその数にしたのかな？

友達が□の中に入れた数の意味を考える。
「1」は「1＋19＝20」になるから簡単だと言う。また、「4」の場合は、「36＋4＝40」になるから簡単で、どちらも足すと一の位が0になる数にしていることが分かってくる。
さらに「5」の場合は、これを4と1に分けて、「36＋4＝40」と「1＋19＝20」にしていることも理解される。

まとめ

たし算は足す順番を変えても答えは変わらないこと、そして、3口のたし算の場合に右側から先に計算しても左側から計算しても答えは変わらないことを確かめる。また、3口のたし算で先に計算することを表す記号に（　）があることを教える。

36＋（1＋19）＝56
（36＋4）＋19＝59
36＋5＋19＝（36＋4）＋（1＋19）＝60

各巻1本の授業動画付

1年（上）中田 寿幸　「とけい」第2時

2年（上）山本 良和　「たし算」第11時

3年（上）夏坂 哲志　「わり算」第10時

4年（上）大野 桂　「倍の見方」第1時

5年（上）盛山 隆雄　「小数のわり算」第1時

6年（上）尾﨑 正彦　「対称な図形」第1時
関西大学 初等部 教諭